中山大学公共传播与文化融合丛书

从媒体到平台
中国国际传播话语权建构研究

徐桂权 张志安 著

中国传媒大学出版社
·北京·

图书在版编目（CIP）数据

从媒体到平台：中国国际传播话语权建构研究 / 徐桂权, 张志安著. -- 北京：中国传媒大学出版社, 2025.5.

ISBN 978-7-5657-3935-4

Ⅰ.G219.26

中国国家版本馆CIP数据核字第2025DR8691号

从媒体到平台：中国国际传播话语权建构研究
CONG MEITI DAO PINGTAI:ZHONGGUO GUOJI CHUANBO HUAYUQUAN JIANGOU YANJIU

著　　者	徐桂权　张志安
策划编辑	曾婧娴
责任编辑	裴向敏
责任印制	李志鹏
封面设计	拓美设计

出版发行	中国传媒大学出版社		
社　　址	北京市朝阳区定福庄东街1号	邮　编	100024
电　　话	86-10-65450528　65450532	传　真	65779405
网　　址	http://cucp.cuc.edu.cn		
经　　销	全国新华书店		
印　　刷	唐山玺诚印务有限公司		
开　　本	787mm×1092mm　1/16		
印　　张	11.25		
字　　数	220千字		
版　　次	2025年5月第1版		
印　　次	2025年5月第1次印刷		
书　　号	ISBN 978-7-5657-3935-4	定　价	58.00元

本社法律顾问：北京嘉润律师事务所　郭建平

前言　从框架竞争到平台突围：
探索国际传播的话语权建构路径

徐桂权　张志安

2022年，中国成功举办北京冬季奥运会，向世界展示了一个日益自信从容的国家形象。对比2008年北京夏季奥运会，这样的进步是有目共睹的。回望2008年，中国成功举办北京夏季奥运会，并在全球金融危机中勇克时艰，率先走出低谷，赢得世界的瞩目。但与此同时，北京奥运会举办前和举办期间西方媒体进行恶意报道，国际舆论中"中国威胁论"的声音此起彼伏、不断放大。如何摆脱国际舆论场上"西强我弱"的困境，提升我国的国际传播能力和话语权，成为亟待解决的问题。

2009年6月，《2009—2020年我国重点媒体国际传播能力建设总体规划》中明确提出把我国重点媒体国际传播能力建设纳入国家经济社会发展总体规划。此后十余年，中国的国际传播经历了从硬件设施建设到核心能力打造，由追逐硬实力到重视软实力，由自说自话到寻求共同话语的一个转变过程。[①]

党的十八大以来，习近平总书记发表了一系列关于国际传播工作的重要讲话，将国际传播工作提升到治国理政的高度。2021年5月31日，习近平总书记在主持中共中央政治局第三十次集体学习时强调，"讲好中国故事，传播好中国声音，展示真实、立体、全面的中国，是加强我国国际传播能力建设的重要任务"，"要深刻认识新形势下加强和改进国际传播工作的重要性和必要性，下大气力加强国际传播能力建设，形成同我国综合国力和国际地位相匹配的国际话语权，为我国改革发展稳定营造有利外部舆论环境，为推动构建人类命运共同体作出积极贡献"。党的二十届三中全会通过的《中共中央关于进一步全面深化改革、推进中国式现代化的决定》中提出，要"构建更有效力的国际传播体系"，为此，必须"加快构建中国话语和中国叙事体系，全面提升国际传播效能"。

---

① 程曼丽. 中国对外传播的历史回顾与展望（2009—2017年）[J]. 新闻与写作，2017（8）：5-9.

在党和政府高度重视国际传播工作的背景下，国内学界关于国际传播的研究急速升温，涌现出大量的研究论文和著作，其中不乏富有洞见的优秀成果。在这样的语境与宏观论题下，本书仅聚焦于媒介的视角来探讨中国国际传播话语权的建构策略。具体来说，本书围绕两个问题探讨中国国际传播主体如何在媒介形态变迁过程中建构国际话语权：其一，在主流新闻媒体生产的语境下，国际传播主体如何通过新闻议题设置和框架建构来争夺国际话语权？其二，在平台社会的新语境下，国际传播主体如何通过建构平台和参与平台来拓展国际话语权，进一步实现对外传播的"突围"？

国际话语权视野下新闻媒体的框架竞争

在我国的国际传播战略中，"国际传播能力"的建设是起点，"国际传播效能"的提升是终点，而"国际话语权"的建构是国际传播效能的核心所在。

近年来，在中国国际关系学界和传播学界，国际话语权的话题备受关注。然而，对于何为"国际话语权"，虽然学界也有一些界定，但总体上几乎把它当作一个不言自明的概念或常识，并未对其内涵加以深究。学者李智等人认为，要把握"话语权"的概念，必须回到法国思想家米歇尔·福柯（Michel Foucault）的"话语与权力"理论[①]。按照福柯的观点，"话语"是一种陈述，这种陈述不是一般的语言或逻辑结构，而是社会实践活动，是深度潜入社会并与之展开内在构成性互动的实践活动。"话语是各种机构通过一种界定和排斥的过程运用其权力的手段。"[②]那么，所谓"话语的实践"就是用符号界定事物和建构世界的社会实践，其核心是赋义行为；话语与权力之间不是一种外在的关联，而是具有内在的勾连或关联。由此来看，我们不能把"话语权"简单理解为"话语的权力"或者"掌握话语的权力"。因为，"话语"和"权力"本为一体，话语必然生成权力，话语权就内在地蕴含在话语之中。因此，从概念的基本内涵来说，"话语权"等同于"话语"，"话语权"其实是一个单元词——"话语（权力）"[③]。

福柯的"话语与权力"理论揭示了话语实践与权力之间的复杂关系，不但对传播学学者理解"传播是意义的建构"提供了重要思路，而且深刻形塑了国际关系理论的建构主义取向。一般认为，当代国际关系理论包括现实主义、自由主义和建构主义三大流派。三种理论视角对国际传播都有不同的洞察：从现实主义理论来看，国际传播

---

① 陈卫星，李智，任孟山，等.从能力到效力：国际传播力建设研究［M］.北京：社会科学文献出版社，2022：132-133.
② 斯道雷.文化理论与通俗文化导论［M］.杨竹山，郭发勇，周辉，译.南京：南京大学出版社，2001：130.
③ 陈卫星，李智，任孟山，等.从能力到效力：国际传播力建设研究［M］.北京：社会科学文献出版社，2022：134-137.

是国家权力的相互博弈；从自由主义理论来看，国际传播是信息的自由流动；从建构主义理论来看，国际传播是国家间身份与文化的话语建构。相比而言，建构主义的理论视角——包括建构主义与现实主义的逻辑整合，即"现实建构主义"①——对于国际话语权的含义尤其具有深刻的阐释力。"如果说，国际政治的实质是权力政治，那么，国际政治越来越变为国际话语权政治。"②从这个角度来看，国际话语权就是一个国家面向国际社会或对象国（目标国）进行自我定义和决定国际事务及事件的过程中所生成的有利于自己的国家间权力关系③。

在传统的新闻媒体生产语境中，国际媒体的议程设置（agenda-setting，"说什么"）和框架建构（framing，"怎么说"）是国际话语权建构的主要途径。作为传播效果研究的经典理论，议程设置研究已走过50年的历程，经过了客体议程设置、属性议程设置、网络议程设置三个层次的探索④。属性议程设置与框架研究的发现都说明：媒体不但能影响受众"想什么"，而且能影响受众"怎么想"，而其中的关键就是媒体如何设置议题，以及如何设定叙事的框架。在国际舆论场，议题设置和框架竞争的最终结果，就是把国际社会现实建构起来，同时确定国际权力之间的关系。这也印证了一些国际政治学者关于"软权力"（soft power）的看法："软权力"就是"让别人做你希望他们做的事"的能力，是一种"同化性"权力（cooptive power），这种权力不依靠国家强制力，而是通过话语的力量，"源自对公众进行议程设置和决定公共舆论的辩论框架"⑤。

因此，对于中国的国际传播媒体来说，"讲好中国故事，传播好中国声音"的直接实践，就是精心选择报道议题和叙事框架，并与国际媒体的叙事框架展开竞争和对话⑥。学者任孟山指出，从国际话语权的角度来说，国际传播是"中国版中国故事"与"西方版中国故事"的竞争，要"通过展示真实、立体、全面的中国，让国际社会体认到'西方版中国故事'的缺憾、缺陷及谬误；通过'中国版中国故事'校正西方传播力量中的不适当、不恰当甚至是歪曲性报道"⑦。"中国版中国故事"应包括经济、政治、

---

① BARKIN J S. Realist constructivism: rethinking international relations theory [M]. Cambridge: Cambridge University Press, 2010.
② 陈卫星，李智，任孟山，等. 从能力到效力：国际传播力建设研究 [M]. 北京：社会科学文献出版社，2022：139.
③ 陈卫星，李智，任孟山，等. 从能力到效力：国际传播力建设研究 [M]. 北京：社会科学文献出版社，2022：140.
④ 史安斌，王沛楠. 议程设置理论与研究50年：溯源·演进·前景 [J]. 新闻与传播研究，2017，24（10）：13-28，127.
⑤ NYE J. Soft power [J]. Foreign policy，1990（80）：181.
⑥ 王冠. 让世界听懂中国 [M]. 北京：民主与建设出版社，2021.
⑦ 任孟山. 打造"中国版中国故事" [N]. 学习时报，2021-08-06（6）.

文化、社会和生态文明五个维度的一体框架：全球经济贡献者、国际政治合作者、文化多元支持者、社会治理创新者和生态文明推动者①。与此同时，中国故事的讲述不仅需要叙事框架的创新，还需要媒介渠道的拓展，即从传统的主流新闻媒体向平台化媒体拓展，乃至从媒介渠道到媒介基础设施的思维转换②，从而实现故事的内容（框架）与形式（载体）的有机结合。

平台社会语境下的国际传播能力与话语权建设③

当前，世界形势正在经历前所未有的变革，全球政治和经济权力正在逐渐从西方转向东方，逆全球化、民粹主义、贸易保护主义抬头。以互联网、社交媒体和人工智能为代表的信息技术革命，正在重塑全球传播景观。尤其是脸书（Facebook）、推特（Twitter）、油管（YouTube）等超级互联网平台正逐渐主宰全球传播，打破了原来主要由专业新闻机构和影视文化产业所主导的国际传播模式。新兴媒体传播技术的兴起，使我们面临的国际传播话语体系和舆论格局发生重大变化，同时，新兴媒体传播技术的兴起，也为新时期我国国际话语权建设提供了重要契机。

在新的全球信息传播秩序语境中，互联网平台的生态化发展模式已经被普遍使用，使得资讯、娱乐、消费、社交呈现场景化的符号与意义内涵：一方面使得内容形态与消费的边界模糊；另一方面使得内容的空间边界模糊。数字化时代的到来意味着人类由读写时代进入视听时代，视频化成为资讯传播的主流与服务的基础，技术驱动下的国际传播行动主体呈现多元化特征，生动立体、全面真实的中国价值和中国形象也交织着传统与现代、本土与异域的丰富元素。

超级互联网平台为中国网络国际传播提供了新的话语实践空间，有助于弥补我国主流媒体在国际传播能力方面存在的不足。我国需要在平台社会语境中重新思考国际传播战略与路径选择，通过互联网平台把讲述中国故事纳入全球公共话语和平台公共领域的对话。在平台社会语境下，中国的网络国际传播活动应充分、合理地分配不同的话语主体，形成多层次、多主体、多元化、多价值传播视角。因此，"中国故事应该是一个开放的叙事空间"。国际传播要"打造融通中外的新概念、新范畴、新表述"，

---

① 任孟山，陈强."五位一体"与"中国版中国故事"：中国国际传播的象征框架［J］.现代出版，2022（3）：21-29.
② 姬德强，张毓强.从媒介到平台：中国国际传播的认识论转向［J］.对外传播，2022（12）：72-76.
③ 本部分内容修订自《探索平台社会语境下的网络国际传播路径——访复旦大学新闻学院教授、中国外文局—中山大学粤港澳大湾区国际传播研究中心联席主任张志安》，网址为http://www.cssn.cn/xwcbx/xwcbx_pdsf/202205/t20220530_5410241.shtml.

需要重新思考"中国故事"及其多样的叙事表达。

国际传播应把握好整体性和差异化，构建价值观多元、主体多元、渠道多样、视角多重的"复调"传播格局，这已成为学界对中国国际传播的共识。新形势下，我国应该深化对平台社会语境的把握，积极利用国内外互联网平台完善国际传播体系，重构国际传播战略，推动各类传播主体积极参与平台公共领域，构建更为公平、公正的全球传播新秩序，加强对平台社会语境和平台逻辑的把握与理解，进一步发挥各类行动主体在互联网平台上的对外传播能力，着眼于中长期，形成多层次、立体化、可持续的网络国际传播力量。

具体来说，首先，要激发不同主体参与网络国际传播，强化主流媒体社交账号运营的平台思维。鼓励根据自身资源和特点，合理分配不同的话语主体，形成多层次、多主体、多元化、多价值的传播视角。以主流媒体为例，强化平台思维，增强社交媒体账号的互动性是当务之急。其次，支持中国互联网平台的海外业务发展，提升中资企业的网络国际传播能力，利用海外社交媒体平台"借船出海"，对于拓展我国对外传播渠道具有重要意义。再次，培育各类网络意见领袖，鼓励青年网民通过海外互联网平台积极参与国际传播。最后，探索和优化网络国际传播的框架和话语，突出故事化表达和生活化视角，做好国际受众的网络分层传播。

本书的缘起与章节安排

近年来，中山大学新闻传播学院日益重视国际传播的教学与研究。2019年，中国外文局与中山大学联合成立粤港澳大湾区国际传播研究中心，旨在为大湾区国际传播提供智力支撑和政策咨询。2021年，学院增设"国际新闻传播硕士"项目，是中宣部和教育部设立的第二批国际新闻传播硕士生项目。该项目致力于培养"内知国情、外懂国际、植根中国、面向世界"的新型国际新闻传播人才，旨在为我国中央媒体、政府部门和跨国企业等国际传播与驻外机构输送高层次的国际新闻传播人才。

本书作者徐桂权自2014年起在中山大学讲授"国际传播"课程，并带领本科生和研究生团队在《国际新闻界》《对外传播》等刊物上发表多篇论文。发起成立粤港澳大湾区国际传播研究中心的张志安教授，现任中心联席主任，也是复旦大学全球传播全媒体研究院副院长，近年来聚焦中外平台社会的研究，包括平台社会语境中的网络国际传播的探索。张志安教授与李辉、徐艳珠、唐嘉仪等研究员合作发表的系列研究成果引起社会的广泛关注。因应学科发展的需要，徐桂权和张志安择选近年发表的国际传播论文，将"从媒体到平台"的媒介变迁作为主线，以整合的学术框架重新编排文章，形成文稿出版。

全书共包括三编。第一编为"历史脉络"，由三篇关于我国对外传播观念变迁、当下国际传播的挑战与趋势的论文构成。第一篇首先梳理了中华人民共和国成立 70 年来对外传播观念的变迁轨迹，从而为今天的国际传播工作提供历史定位。第二篇从符号互动的角度切入，分析当前中国在国际传播工作中所面临的障碍和挑战，进一步厘清我国国际话语权建设所要面对的政治和文化处境。第三篇从建构主义的视角出发，对数字平台地缘政治与国际传播的关系进行检视，提出以"平台竞合话语"超越"数字冷战话语"的主张，以促进网络空间命运共同体构建。

第二编为"媒体话语"，由五篇关于国际主流媒体的话语框架分析的论文构成。其涉及的具体议题包括：2015 年中国主导筹建亚洲基础设施投资银行，2017 年中国召开"一带一路"国际合作高峰论坛，2018 年美国制裁中兴事件，2018—2019 年中美贸易摩擦背景下华为公司的遭遇与应对及其反映的国家形象。这些论文大多采取框架分析与比较研究的方法，旨在发现中外媒体在议题和框架建构中的异同与相互关系，为我国媒体在国际传播中探索框架竞争的策略提供参照。另有一篇论文探讨了 2021 年四家国外新闻媒体关于"9·11"事件 20 周年纪念报道的话语框架，试图为我国媒体如何参与建构此类"全球符象事件"提供镜鉴。

第三编为"平台战略"，由九篇关于平台社会语境下中国发展网络国际传播，提升国际话语权的路径研究的论文构成。具体包括：从整体上分析平台社会为中国国际传播能力建设和话语权建构提供的契机和传播场景，以及对我国网络对外传播的战略与路径选择提出的新要求；通过抖音"出海"的案例分析，探讨中国互联网平台逆向扩散的机会与风险；在国际传播主体多元化的背景下，企业、海外公众和民间主体参与平台网络国际传播的路径和策略，包括视觉传播的实践；在中美平台竞争的格局下，探讨如何以优化算法治理和应用来提升中国国际传播能力与国际话语权。

通过以上各编的论述，我们希望为中国国际传播的话语权建构提供建设性思路。但是，由于这一研究领域的复杂性，本研究成果必然存在诸多不足之处，恳请方家指正。

徐桂权　张志安

2024 年 5 月

目 录

第一编 历史脉络

中华人民共和国成立 70 年对外传播观念的变迁轨迹 ……………………………… 3
符号互动视角下中国国际传播的障碍与优化策略 …………………………………… 13
超越"数字冷战":建构主义视角下平台地缘政治与国际传播的再思考 …………… 20

第二编 媒体话语

主体建构与利益博弈:现实建构主义视角下亚投行报道的框架分析 ……………… 35
属性议程设置视角下中外媒体对"一带一路"议题呈现的比较分析 ……………… 52
媒体外交视野下中兴事件的报道框架分析 …………………………………………… 59
中美经贸摩擦背景下华为与国家形象的媒介建构 …………………………………… 67
全球符象事件的记忆建构:"9·11"事件 20 周年的国际报道框架分析 …………… 75

第三编 平台战略

平台社会语境下中国网络国际传播的战略和路径 …………………………………… 89
抖音"出海"与中国互联网平台的逆向扩散 ………………………………………… 106
从平台可供性视角看中国企业的海外传播 …………………………………………… 118
海外社交媒体中的公众传播主体、特征及其影响 …………………………………… 124
对外传播多元主体在推特平台的传播策略分析 ……………………………………… 132
民间主体参与平台网络国际传播的路径和策略 ……………………………………… 139

多元主体参与国际传播的视觉实践 …………………………………………… 144
中美平台竞争格局下的算法治理与中国国际传播的提升路径 ……………… 151
互联网平台对国际舆论博弈的影响：机制与趋势 …………………………… 158

第一编　历史脉络

中华人民共和国成立70年对外传播观念的变迁轨迹*

对外宣传和传播工作是我国宣传工作的重要组成部分。中国政府从马克思主义的历史唯物主义和辩证法出发，以世界普遍联系的观点看待中国和世界的关系，从传播观念上到传播实践上都注重加强国际联系，争取国际舆论支持[①]。我国在发展过程中，逐渐形成注重传播功能、富有中国特色的对外传播观。回顾和梳理中华人民共和国成立70年来的对外传播观念，有助于我们进一步理解我国的对外传播事业和对外传播制度的发展变化，对指导和观照当下的国际传播实践具有重要意义。本文按照历史分期对中华人民共和国成立70年来的对外传播思想和重要论述进行了梳理和总结，由此探讨我国对外传播观念的变迁轨迹和内在规律。

本文将中华人民共和国的历史分为三个阶段[②]：从1949年10月至1978年12月党的十一届三中全会召开，为社会主义革命和建设时期；从1978年12月至2012年11月党的十八大召开，为改革开放和社会主义现代化建设新时期；从2012年11月至今，为中国特色社会主义新时代。

由于传播实践、传播制度、传播观念三者彼此依赖，相辅相成[③]，因此为更充分地阐释我国对外传播观念的发展变化，本文部分内容会论及我国的对外传播实践和制度安排。

一、社会主义革命和建设时期：让世界听见中华人民共和国的声音

1949年10月，中华人民共和国成立后，我国对外传播事业迎来新局面，全国性的

---

* 徐艳珠，张志安. 中国共产党百年对外传播观念变迁轨迹[J]. 出版发行研究，2021（10）：54-61. 收入本书时由徐桂权进行了删改。
① 张昆. 传播观念的历史考察[M]. 2版. 武汉：武汉大学出版社，2015：427.
② 中共中央宣传部. 中华人民共和国简史[M]. 北京：人民出版社，2021.
③ 张昆. 传播观念的历史考察[M]. 2版. 武汉：武汉大学出版社，2015：3.

对外传播体系逐步建立起来，无论是通讯社和对外传播媒体的建设和发展，还是对外书刊的编译和出版发行，都取得了可观的成就。关于中华人民共和国成立后对外传播事业的发展状况，许多学者已进行了卓有成效的研究探讨，本文不再赘述。这一时期，国家领导人注重让世界认识党领导下的社会主义新中国，在对外传播实践中更加明确地提出了对外传播的一系列观念。

（一）"让全世界都能听到我们的声音"

解放战争时期，新华社开始在海外创建分社，至中华人民共和国成立前夕，新华社已在香港、伦敦、布拉格和平壤建立了分社。中华人民共和国成立后，新华社从革命战争年代的中共中央机关通讯社，成为我国的国家通讯社，并且进一步走向世界。除继续在海外建立分社外，新华社的对外报道也得到了加强，突出体现为新华社记者开始走出国门，报道朝鲜停战谈判、日内瓦会议、万隆会议等一系列我国政府代表参加的重大外交和国际事件①。

随着新中国国际地位的提升，党中央对新华社的外宣工作提出了更高要求。1955年12月，针对当时新华社在国外发展缓慢，尤其是驻外记者和机构不足、难以有效向世界传播中国声音的情况，毛泽东指出，新华社"应该大发展，尽快做到在世界各地都能派有自己的记者，发出自己的消息。把地球管起来，让全世界都能听到我们的声音"②。为落实毛泽东的这一要求，此后几年，新华社加快向外发展的步伐，仅1956年一年就在海外新建了11个分社。新华社对外报道力量的扩大，不仅进一步开辟了党和国家的对外传播事业，还为我国的对外交往做了很多沟通、铺垫和促进工作③。

不过，毛泽东"把地球管起来"这一提法在国外往往被解读为中国向世界输出革命的"口实"。其实，结合当时的时代背景和语境，毛泽东的表述是为了强调新华社要大力向国外派驻记者，通过报道全球重大事件，在国际事务中发出中国的声音。

（二）提出实事求是的对外宣传原则

实事求是为毛泽东思想的精髓之一，被贯彻到毛泽东对外宣传工作的要求中。中华人民共和国成立后，毛泽东曾赞扬对外刊物《中国建设》"用事实讲话"，称"对外宣传就是应该这样做"。在另一场合，他又提醒有关部门，"以后不要这种不合实际情

---

① 万京华.新华社驻外机构的历史变迁研究［J］.现代传播（中国传媒大学学报），2014（10）：22-25.
② 毛泽东.毛泽东新闻工作文选［M］.北京：新华出版社，1983：182.
③ 万京华.新华社驻外机构的历史变迁研究［J］.现代传播（中国传媒大学学报），2014（10）：22-25.

况的自己吹播"①。

1971年，在一次外事会议上，周恩来指出当时对外宣传工作存在两种错误倾向："一种是自吹自播，强加于人，使用不适当的语言，夸大的语言；第二种是，对人家不知怎么是好，缩手缩脚。这两种倾向有一个特点，都是不实事求是。"两个月后，在与外文局有关负责人的谈话中，周恩来又强调，对外宣传不能脱离实际，空谈政治②。

（三）提出要区别对内宣传和对外宣传

抗日战争时期，党内一些领导已经指出要根据不同的对象、不同的环境开展文化工作和宣传工作。1940年夏，周恩来在谈及抗战时期的文化工作时指出，"不同的地域，就得有各种不同的做法"，"要利用各种形式，适合地方性和特殊环境"③。同年8月，周恩来跟延安高级干部说，通讯机关的稿子"可寄到国内外各地区去"。他提出，通讯稿要多样化，"不要老是几个宣传口号"，也要注意表述和语调，"态度不要完全党内化，有时要用人民的口吻"④。这是党内高层领导较早提出要区别对待对内宣传和对外宣传。

中华人民共和国成立后，周恩来等领导人多次指出，对外宣传要注意区别对待不同的对象。1957年在与电影工作者谈话时，周恩来说，"香港所制作的影片，一定要照顾到海外的观众和在环境上的特点"，"不应要求香港制作我们那样的作品"⑤。在另一场合，周恩来指出《中国建设》存在调子太高、不看对象的问题，"我们的读物是供给国外的。要争取广大中间读者"⑥。周恩来还强调，要注意选择对外传播的内容。他在一次会议上提出，不能把对内宣传的内容硬搬到对外宣传上，"要研究一下，对外又不要丧失原则，又要有效果，有不同的特点"⑦。针对对外宣传工作，毛泽东也曾在多个批示中指出，"国家不同，做法也不能一样""不要强加于人""不要向外国人自吹自播"⑧。

---

① 罗俊.亲切关怀　终生难忘［M］//新星出版社编写组.中国外文局五十年回忆录.北京：新星出版社，1999：2.
② 爱泼斯坦.从《保盟通讯》到《中国建设》［M］//新星出版社编写组.中国外文局五十年回忆录.北京：新星出版社，1999：195.
③ 周恩来.抗战时期文化工作的方针（1940年夏）［M］//中共中央文献研究室.周恩来文化文选.北京：中央文献出版社，1998：14-16.
④ 周恩来.抗战中的文化工作和文化运动（1940年8月9日）［M］//中共中央文献研究室.周恩来文化文选.北京：中央文献出版社，1998：22.
⑤ 周恩来.坚持三条原则，处理好十个关系（1957年4月14日）［M］//中共中央文献研究室.周恩来文化文选.北京：中央文献出版社，1998：168.
⑥ 爱泼斯坦.从《保盟通讯》到《中国建设》［M］//新星出版社编写组.中国外文局五十年回忆录.北京：新星出版社，1999：195.
⑦ 爱泼斯坦.从《保盟通讯》到《中国建设》［M］//新星出版社编写组.中国外文局五十年回忆录.北京：新星出版社，1999：194-195.
⑧ 罗俊.亲切关怀　终生难忘［M］//新星出版社编写组.中国外文局五十年回忆录.北京：新星出版社，1999：2.

毛泽东、周恩来等领导人的实事求是、区别对待传播对象、根据传播对象选择传播内容、"不要丧失原则，又要有效果，有不同的特点"等对外传播思想，既"以我为主"地坚持了自己的原则和立场，又注重了传播的差异化和针对性。这些思想无论在当时还是对于现在，都具有很强的现实指导意义。然而，受当时的社会思潮和其他复杂因素影响，这些对外传播观念并未能得到有效落实。

二、改革开放和社会主义现代化建设新时期：树立和传播良好的中国国际形象

自20世纪70年代末开始，我国实行改革开放政策，将国家融入世界发展大局，积极、主动地利用世界文明成果来建设社会主义，同时积极在国际上树立我国的良好形象，为改革开放和社会主义现代化建设营造良好的国际舆论环境。对外开放给国家的对外传播工作赋予了新的历史使命，注入了新活力，开创了新局面，中国进入对外传播事业的蓬勃发展期，对外传播观念有了显著发展，突出体现在以下几个方面。

（一）注重在国际上树立良好的国家形象

20世纪70年代末以来，党中央意识到良好的国际形象对于国家发展的重要意义，十分注重推动中国良好国际形象的建立，党和国家领导人积极通过外交活动以及各种外交场合，向世界宣传、说明、解释中国，表达发展中国与他国友好合作关系的意愿。他们的外出访问往往受到所在国和世界舆论的高度关注和积极评价，有力地推动了中国良好国际形象的建立。例如，1978年10月，邓小平访日期间，美联社评论说："邓在日本访问期间扮演了一个中国超级推销员的角色，他以逗人的微笑和精力充沛的交谈，不仅给人留下深刻的印象，而且为中国结交了新朋友。"①

邓小平曾在不同的场合论述应该塑造和向世界展示怎样的中国国际形象。他为中国设计的形象主要有六个方面，分别是独立自主的民族形象、安定团结的政治形象、中国特色的社会主义形象、改革开放的发展形象、文明进步的精神形象以及维护和平的形象②。

1990年12月，中共中央提出，要"全面正确主动地介绍中国的形象"，要"让外

---

① 中共中央文献研究室.邓小平领袖画传系列［M］.沈阳：辽宁人民出版社，2018：372.
② 王仲莘.论邓小平与对外宣传［M］//中央对外宣传办公室研究室.对外宣传工作论文集.北京：五洲传播出版社，1998：5.

国人和海外同胞全面、准确、真实、及时地了解中国,进一步在世界上树立社会主义中国的形象"①。21 世纪以来,尤其是 2008 年北京奥运会以来,提升中国国家形象成为党和国家、学术界共同关注的重要议题,这在近十年来国家领导人有关论述以及大量出现的中国国家形象研究项目和文献中皆可体现。

(二)确立内外有别、外外有别的原则

早在 20 世纪 50 年代,党中央就指出要区别对内宣传和对外宣传。改革开放后,随着中国与世界的交往日渐频繁,内外有别、外外有别的对外宣传原则逐渐确立起来。

从 20 世纪 70 年代后期起,中央多次发布针对加强和改善对外宣传工作的通知,强调要注意对外宣传的针对性和宣传对象的差异。1979 年 5 月,中央宣传部发布通知,提醒各报刊和有关部门"注意内外有别的原则"②。1980 年 9 月,中共中央发布的通知指出:"对外宣传必须十分注意针对性,内容形式、风格都要适合宣传对象的特点。照搬国内一套,不能解答外国人的问题;内容单调刻板,调子太高,人家看不懂,不感兴趣。这仍是我们对外宣传的最大弱点,必须坚决纠正。"③1990 年 12 月,中共中央再次发布通知,要求"加强对不同国家和地区宣传的针对性""讲究对外宣传的艺术和方法"。通知强调,要注意区别内外宣传,在对外宣传中要注意不同地区的差异性,"既不能把对内宣传的一套内容和方法简单地照搬到对外宣传中,也不能对不同地区、不同层次的对象都搞成一个样式的宣传。要讲究宣传艺术,区别不同对象,讲究宣传实效"④。

进入 21 世纪,在全球化和网络化背景下,我国对外传播工作的外部环境和内在要求发生了显著变化,过去的信息封闭状态逐渐被打破,"内外有别"原则受到挑战。对此,有学者提出,有必要在"跨文化传播"的范式下而非"对外宣传"范式下重新认识"内外有别"的内涵⑤。

---

① 中共中央关于加强和改进对外宣传工作的通知(1990 年 12 月 29 日)[M]//中央宣传部办公厅.党的宣传工作文件选编(1988—1992).北京:中共中央党校出版社,1994:1921.
② 中央宣传部关于在宣传报道中应注意内外有别的通知(1979 年 5 月 11 日)[M]//中央宣传部办公厅.党的宣传工作文件选编(1976—1982).北京:中共中央党校出版社,1994:680.
③ 中共中央关于建立对外宣传小组加强对外宣传工作的通知(1980 年 9 月 16 日)[M]//中央宣传部办公厅.党的宣传工作文件选编(1976—1982).北京:中共中央党校出版社,1994:711.
④ 中共中央关于加强和改进对外宣传工作的通知(1990 年 12 月 29 日)[M]//中央宣传部办公厅.党的宣传工作文件选编(1988—1992).北京:中共中央党校出版社,1994:1924.
⑤ 郭光华."内外有别":从对外宣传到跨文化传播[J].现代传播(中国传媒大学学报),2013(1):146.

（三）发挥各方积极性，拓展多元对外传播路径

长期以来，国家对外宣传和传播任务主要由中央机构承担，地方政府、地方媒体、民间力量等很少负责对外宣传工作。改革开放后，随着我国国际活动日益频繁，地方上的外事活动也越来越多。有些地方尤其是大城市和沿海城市，经常有外国旅游者到访，此外还有各种常驻外籍人员，包括外交人员、外国商人、外国专家、外国留学生等。大批华侨也不断回到祖国探亲或观光。在这种新形势下，党中央意识到，以往地方不管对外宣传工作的状况已不能适应改变了的形势，有必要加强地方的对外传播工作，充分发挥企事业单位、民众、民间团体等力量参与对外传播工作[1]。在党中央这一思想的指导下，各省、市、自治区有关部门开始为在华外籍人士和华侨、港澳台同胞提供丰富多样的信息服务[2]。

从20世纪90年代开始，在党中央关于进一步加强和改进对外宣传工作的思想指导下以及有关政策的支持下，一些城市出现了以在华外籍人士为对象的报纸，如《上海日报》（英文）（Shanghai Daily）、《广州英文早报》（GZ Morning Post）、《深圳日报》英文版（Shenzhen Daily）等。此外，主流媒体也加大了走出国门的步伐，越来越多的媒体实现在海外同步印刷发行，或在海外与当地媒体合作办报刊。有学者认为，20世纪末，我国已初步形成了以"一社（新华社），两台（中央电视台和中国国际广播电台），两报［《中国日报》和《人民日报》（海外版）］"为核心，从中央到地方的大外宣格局[3]。

进入21世纪以来，我国融入世界的步伐加快，与世界的交往越来越密切，世界对中国的信息需求也日益强烈。借助日新月异的传播技术和手段，我国对外传播主体日益多元化，越来越多的企业、民间组织、个人成为对外传播主体和中外文化交流的使者。面对这些变化，国家更注重调动各方面的积极性，发挥各方面的优势，整合各种资源，以便形成社会各阶层广泛参与外宣工作的良好态势[4]。

---

[1] 中央宣传部关于加强地方对外宣传工作的通知（1979年10月9日）[M]//中央宣传部办公厅.党的宣传工作文件选编（1976—1982）.北京：中共中央党校出版社，1994：683-684.
[2] 陈日浓.中国对外传播史略[M].北京：外文出版社，2010：232.
[3] 丁代兴.浅析外宣与内宣的联系和区别[J].新闻界，1996（2）：53-54；姜飞，张楠.中国对外传播的三次浪潮（1978—2019）[J].全球传媒学刊，2019，6（2）：39-58.
[4] 陈日浓.中国对外传播史略[M].北京：外文出版社，2010：208.

三、中国特色社会主义新时代：让世界了解真实、立体、全面的中国

进入21世纪以来，中国的国家实力不断增强，政治、经济、军事等方面在国际上的影响力不断上升。不过，中国的国际传播能力、话语影响力与中国的国际地位并不匹配，较之西方发达国家仍有很大差距，国际舆论"西强我弱"的格局没有得到根本改变。党的十八大以来，党中央高度重视国际传播工作，习近平总书记多次强调，要加强国际传播能力建设，增强国际话语权。党的十九大报告指出，要"推进国际传播能力建设，讲好中国故事，展现真实、立体、全面的中国"。2021年5月31日，习近平总书记在主持中共中央政治局第三十次集体学习时进一步强调："要深刻认识新形势下加强和改进国际传播工作的重要性和必要性，下大气力加强国际传播能力建设，形成同我国综合国力和国际地位相匹配的国际话语权。"由于对外传播更具有以我为主、对外做好宣传工作的意义，而国际传播更具有立足全球、讲好中国故事的意义，在学术研究和政策文件的论述中，国际传播逐步取代对外传播成为党表述外宣工作的权威概念。总体来看，进入中国特色社会主义新时代以来，党对外传播的思想特点主要有以下三点。

（一）让世界了解中国的政治文明和精神文明

党的十八大以来，在对外传播工作上，党中央比以往任何时期都更强调要传播好中国的政治文明和精神文明，前者主要包括中国的政治制度和政治观念，后者主要包括中国社会的文化、知识、思想、智慧等。2015年12月，习近平总书记在全国党校工作会议上讲话时指出，"更加及时地发出中国声音、更加鲜明地展现中国思想、更加响亮地提出中国主张"[1]。2021年5月，习近平总书记在主持中共中央政治局第三十次集体学习时重申了这一点，并给出了更明确的方向、更具体的要求：传播内容上，更好推动中华文化走出去，向世界阐释推介更多具有中国特色、体现中国精神、蕴藏中国智慧的优秀文化，广泛宣传和介绍中国主张、中国智慧、中国方案，为全球事务、解决全人类问题作出更大贡献；传播基调上，既开放自信也谦逊谦和，努力塑造可信、可爱、可敬的中国形象；传播途径上，要善于运用各种生动感人的事例说明中国对世界

---

[1] 习近平.在全国党校工作会议上的讲话[J].求是，2016（9）：3-13.

的贡献，要深入开展各种形式的人文交流活动，推动中外交流等①。

国家领导人如此重视推进中国政治文明和精神文明的对外传播，与中国在新时期面对的国际环境密切相关。我国综合国力和国际影响力的大大提升，被一些国家视为潜在"威胁"。在政治意识形态分歧、国家利益冲突等因素的影响下，一些西方政治人物和媒体大肆渲染"中国威胁论"，少数国家甚至开始对中国实施孤立、围堵、遏制战略。同时，尽管中国的经济大国地位获得普遍承认，但国际社会普遍对我国的国情，以及政治和文化认识不足、了解不够。在这样的背景下，我们需要保持民族自信，进一步讲好中国故事，帮助国外民众认识和理解中国，尤其是我国在政治文明和精神文明上的进步与成就。

（二）高度重视中华文化的国际传播

党中央十分重视提高国家的文化软实力，尤其是中华文化的传承发展与传播。对内方面，习近平总书记提出"文化自信"，并在不同场合多次强调要保护好、传承好、发扬好中华优秀传统文化。习近平总书记认为，一个国家、一个民族的强盛，总以文化兴盛为支撑，中华民族伟大复兴需要以中华文化发展繁荣为条件②；对外方面，中华文化国际传播是讲好中国故事、传播好中国声音、做好中国国际传播的重要着力点。

习近平总书记在2013年8月19日的全国宣传思想工作会议上指出，宣传阐释中国特色，要讲清楚每个国家和民族的历史传统、文化积淀，基本国情不同，其发展道路必然有着自己的特色；讲清楚中华文化积淀着中华民族最深沉的精神追求，是中华民族生生不息、发展壮大的丰厚滋养；讲清楚中华优秀传统文化是中华民族的突出优势，是我们最深厚的文化软实力；讲清楚中国特色社会主义植根于中华文化沃土、反映中国人民意愿、适应中国和时代发展进步要求，有着深厚历史渊源和广泛现实基础。这"四个讲清楚"既凸显了中华文化对阐释"中国特色"的支撑作用，又凸显了推动中华文化国际传播的战略意义③。

---

① 新华社.习近平在中共中央政治局第三十次集体学习时强调　加强和改进国际传播工作　展示真实立体全面的中国[EB/OL].(2021-06-01)[2021-06-03]. http://www.xinhuanet.com/politics/leaders/ 2021-06/01/c_1127517461.htm.
② 李翔海.中华民族伟大复兴需要中华文化发展繁荣——学习习近平同志在山东考察时的重要讲话精神[J].求是，2013(24):48.
③ 胡钰.中华文化国际传播的战略性与创造性[J].新闻战线，2021(13):10.

（三）积极发展政党外交，提升党的国际形象

除了积极推动政府外交和民间外交，党中央还积极发展政党外交，推动与外国政党的党际交流。近年来，中外政党对话机制日臻成熟，定期举行的交流活动有中美政党高层对话、中俄执政党对话、中英政党对话、中日执政党交流机制等。此外，还有中国—阿拉伯国家政党对话会、中国—中东欧政党对话会、中拉政党论坛、中非政党理论研讨会、中国—中亚政党论坛、中国共产党同东南亚国家政党对话会等。2017年，中国共产党主办了中国共产党与世界政党高层对话会，来自120多个国家近300个政党和政治组织的600多名领导人中外代表参加了会议，这次政党大会的规模之大在世界政党史上也很少见。2021年，党中央主办了中国共产党与世界政党领导人峰会，中国共产党领导人与各国政党领导人交流为人民谋幸福的经验[①]。

改革开放以来，相比政党形象的传播，党的对外传播从观念到实践更加突出国家形象的建设和传播。近年来，中国共产党与世界其他政党的频繁互动，体现出政党外交观念和国际传播观念的转变：更积极地搭建国际交流平台，强化与世界其他政党的交往，主动设置议程，对外介绍和传播党的理念和实践，提升党的国际形象和地位。

总的来说，进入中国特色社会主义新时代以来，随着中国经济大国地位的确立，我国比以往更重视向世界介绍和说明中国的"上层建筑"，包括中国主张、中国智慧、中国方案、中华文化以及中国的执政党，让世界了解真实、立体、全面的中国。这也是道路自信、理论自信、制度自信、文化自信"四个自信"在对外传播方面的充分体现。

四、结语

中华人民共和国成立70多年来，我国的对外传播观念经历了从让世界听见中华人民共和国的声音，到树立和传播良好的中国国际形象，再到让世界了解真实、立体、全面的中国的变迁轨迹。这些观念具有延续性，同时不断发展、创新，体现了我国在对外传播领域的守正创新。

70多年对外传播思想的变迁对我们今天的国际传播实践具有重要启示。这些经验包括坚持对外传播工作服务于党和国家的政策和中心工作、坚持实事求是、注重对外传播的针对性、区别对待不同的传播对象、对外宣传既要坚持原则又要有灵活性等。

---

① 新华社.习近平出席中国共产党与世界政党领导人峰会并发表主旨讲话[EB/OL].（2021-07-07）[2023-06-04］.http://www.xinhuanet.com/politicslleaders/2021-07/07/c_1127628998.htm.

相关启示至少可以体现为三个方面：其一，国际传播的目标和方法是统一的，目标是希望不断增进世界各国对中国发展和中华文化的认知、理解和认同，传播方式则要真正尊重受众差异和需求特点、立足跨文化的语境、遵循传播特点和规律；其二，国际传播的主体是多元的，宏观上国际传播由政党领导和统筹，具体实施则需要政府、企业、高校智库、民间机构、普通个体和意见领袖等多元主体的广泛参与，还需要国家、社会、经济、文化等多元化的议程设置，媒体报道和公共外交等多种形式来达成；其三，国际传播的效果是复杂的，面对风云变幻的国际格局，要真正提升我们的国际传播影响力、中华文化感召力、中国形象亲和力、中国话语说服力和国际舆论引导力实非易事，要充分认识到机遇和挑战并存的过程中挑战可能多于机遇，要理性看待"承认""理解""认同"等不同层次的传播效果。

当前，探索中华文化国际传播与交流新模式，提升中国话语的表述能力和国际影响力，展现真实、立体、全面的中国，是党和国家国际传播工作的重要任务。在新的媒介环境和不断变化的国际形势下，如何实现这些目标，具有广阔的讨论和探索空间，这也是为党和国家指明方向媒体业界和学界乃至社会各界亟待给出回答和行动的重要课题。

符号互动视角下中国国际传播的障碍与优化策略＊

2021年5月31日，中共中央政治局就加强我国国际传播能力建设进行第三十次集体学习，习近平总书记在主持学习时强调：讲好中国故事，传播好中国声音，展示真实、立体、全面的中国，是加强我国国际传播能力建设的重要任务①。这是中央面临新的国际形势和舆论环境，围绕振兴中华民族伟大复兴的历史使命，专门就国际传播问题作出的全新要求和系统阐述。

近年来，中国在国际传播工作方面的力度不断加大，尤其是自2008年北京奥运会成功举办以来，中国进一步向世界全方位展现了自身的实力以及国家进步情况。然而从国际传播的现状和效果来看，这项工作仍然面临巨大挑战。例如，有学者指出，中国对外传播的效果长期以来难以取得实质性进展的根本原因显然在于传播者无法真正了解海外受众具体而独特的文化需求②。

本文认为，要厘清当前中国在国际传播工作中所面临的障碍和挑战，可以尝试从符号互动的角度切入。根据符号互动论（symbolic interactionism），互动在很大程度上是符号性的（symbolic）③。符号互动论认为，符号是社会生活的基础，人与人之间的交流是符号相互作用的过程——"没有语言就没有沟通，就没有思维、思想和自我"④——从国际传播的角度来看，中国的国际传播工作被视作一种国与国、国与人之间的交流和互动，"符号互动的过程如同波浪一般，水分子（意义本身）没有直接转移，但波浪（意义的生成模式）却扩散开去"⑤。

在符号互动理论视角下，影响中国国际传播效果的四个主要障碍被形象地概括为四个符号："眼镜""巨龙""筷子""大象"。为进一步提升中国国际传播工作的有效性，

＊ 张志安，唐嘉仪.符号互动视角下中国国际传播的障碍与优化策略［J］.中国记者，2021（7）：24-28.
① 新华社.习近平：加强和改进国际传播工作　展示真实立体全面的中国［EB/OL］.（2021-06-01）［2023-05-02］.https://wap.peopleapp.com/article/6215064/6115529.
② 常江，肖寒.超越二元对立：外宣视频《"十三五"之歌》的传播效果与中国对外传播的后结构转向［J］.新闻大学，2016（1）：121-128，151-152.
③ 豪格，阿布拉姆斯.社会认同过程［M］.高明华，译.北京：中国人民大学出版社，2011：21.
④ 陈锐，倪桓，余小梅.传播心理学［M］.北京：中国人民大学出版社，2020：110.
⑤ 师曾志，胡泳.新媒介赋权及意义互联网的兴起［M］.北京：社会科学文献出版社，2014：142.

笔者认为，可以从符号互动的视角出发，剖析中国国际传播工作的主要障碍，并在此基础上有针对性地完善工作思路和寻找应对策略。

一、中国加强国际传播能力和话语权建设的重要性

自20世纪70年代末以来，伴随改革开放，中国打开大门，与世界经济日益融合，特别是20世纪90年代以后，中国与世界的一体化一直被视为20世纪下半叶国际关系中最重要的问题。无论是从机遇还是挑战的角度看，国际传播工作对21世纪的中国都具有极端重要性。

首先，从机遇的角度来看。随着全球化步伐的加快，以及21世纪以来中国在国际舞台上扮演的角色越来越重要，中国有更多机会向世界展示改革开放取得的历史成就。在这样的背景下，我国通过经济合作、对外援助、文化交流等众多途径，使中国国际传播日益走向深入。例如，我国举办了一系列大型体育赛事或展会，从奥运会、亚运会到世博会、进博会，中国获得了更高的国际声誉。此外，在一些重大国际公共事件中，中国扮演的角色越来越重要，如应对全球金融危机、气候变化等挑战，中国以构建"人类命运共同体"为理念，不断塑造和强化自身负责任的大国形象。这些努力和实践，有利于减少世界各国对中国长期以来的刻板印象和消极态度。伴随中国国际地位的提升，中国正全方位、多角度地融入世界。在这样的形势下，中国积极开展各种形式的国际传播，有助于在全球化的趋势下增进世界各国对中国制度、文化和国情的认知、理解和认同。

其次，从挑战的角度来看。一方面，中国作为历史悠久、闻名遐迩的四大古国之一，国家形象长期以来存在被扭曲或误解的问题。要塑造和建构一个在全球范围内更积极、更正面的国际形象，要实现中华民族伟大复兴的中国梦创造更好的舆论环境，中国国际传播的重要性和紧迫性进一步凸显。另一方面，中国作为世界上具有影响力的国家之一，在相当长的一段时间内，国际传播工作的实际效果并未达到理想预期，无论是主流媒体的传播还是政府部门的对外宣传，都或多或少存在不愿说、不会说、说不通、说不好等问题，而且国际形势风云变幻，国际关系出现新格局，这都给我国的国际传播工作带来新的挑战。为此，立足历史发展的不同阶段，中国只有有针对性地研判国际传播工作面临的问题和不足，才能有的放矢地找到适合新趋势的中国国际传播新战略。

二、从四个符号看中国国际传播面临的障碍

在相当长的一段时期内,诸多西方媒体把中国描绘成制度封闭、不负责任和咄咄逼人的负面形象,导致中国的国际形象陷入片面化、刻板化的困局。这种情况在中国经济融入全球化后并未得到根本改善,随着中国国力和竞争力的增强,国家形象的塑造和传播经常会遭遇各种挑战。尽管世界舆论对一个国家的破坏力不如军事力量,但它也是影响一个国家国际形象的主要力量。

当前,国际社会对中国的认知和态度呈现出波动、曲折的发展态势。笔者认为,从符号互动的理论视角出发,中国长期以来的国际传播工作主要面临四大障碍——如以符号代替进行论述,这四大障碍可以被概括为"眼镜""巨龙""筷子""大象"四个词。

(一)"眼镜":制度差异、意识形态偏见以及冷战思维下的刻板印象

作为世界上重要的社会主义制度国家之一,中国的社会制度与全球绝大多数西方国家所奉行的资本主义制度不同。社会制度差异所带来的意识形态偏见,已经成为不少西方国家认识中国时存在的一种难以避免的现实。特定社会的意识形态代表着权力掌管者或精英阶层的根本利益,媒介霸权理论(hegemonic theory of media)认为,大众传媒的内容易受到精英意图的影响,旨在制造公众的"同意",权力集团控制着传媒的信息,使其权力合法化。该理论强调了统治阶级对被统治阶级的支配或垄断的实现,不是通过外在的威胁,而是通过意识形态的潜移默化影响[1]。从全球传媒的发展情况来看,对国际舆论具有影响力的大众传媒,集中在以英美为代表的资本主义国家手中,受制于意识形态的偏见,这些媒体习惯性地将中国塑造成一个"威权国家",而对中国国情、中国共产党的领导和中国特色社会主义制度缺乏认知,对中国近年来在全球范围内所承担的国际责任,以及所扮演的积极角色视而不见。这种根深蒂固的偏见和刻板印象,严重制约了中国国际传播的效果。

此外,中美两国已经成为当前世界格局内两股重要的力量,美国媒体对中国国家形象的塑造不可置疑地会对中国国际传播工作产生重要影响。冷战结束后,美国成了当今世界上的头号强国。虽然冷战已经结束,但几十年来积淀在美国人头脑中的观察

---

[1] 屠苏. 国际传播:沿袭与流变[M]. 3版. 胡春阳,姚朵仪,译. 上海:复旦大学出版社,2022:5.

世界的思维模式依然影响着他们的判断和分析,长期形成的美国独霸、美国中心的意识形态难以改变。《纽约时报》于1999年发表的一篇文章认为,美国的敌人共分三类,其中第一类敌人就是俄罗斯和中国。冷战思维作为一种政治意识和社会观念,不仅存在于美国政界、学术界和社会上层当中,也流露于普通民众的头脑和言语中,并直接反映在媒体的新闻报道上。以美国为代表的西方国家以一种冷战思维看待中国在国际关系中的地位和形象,这也是当前中国国际传播的障碍。

这些制度差异和意识形态而导致的国际传播认知偏见,可以概括成"有色眼镜",作为中国国际传播的主要障碍之一,"眼镜"符号主要指向的是中国国际传播中遭遇的最具挑战的、来自资本主义国家及其公众的意识形态偏见问题。

(二)"巨龙":东西方文化差异导致中国国际形象的认知偏差

在符号互动的视角下,文化的意义对于人类行为具有重大影响。人类学家大卫·I. 科泽(David I. Kertzer)认为:"没有仪式和象征符号,就没有民族。"① 在相当长的一段时间里,中国在国际社会的形象被简单化地塑造和认知为"一条来自东方的巨龙"。由于语言障碍和文化差异,关乎中国文化和价值观的各种信息要被完美地翻译成英语或其他语种向世界传递,本身就存在跨文化传播和认知的障碍。

"巨龙",在这里作为国际传播的符号障碍,指向的是不同文化情境中对同一符号的认知差异。龙,在中华传统文化中是具有美好意义的符号,但在西方国家带有暴力、愤怒、激进等负面意思。在相当长的一段时间里,中国总是被西方媒体描绘成威权、落后、无知的形象。从符号互动的视角看,在文化交流和社会互动的过程中,具有文化象征意义的各种符号,既有可能帮助具有不同文化背景的人相互理解,也可能成为分化、斗争和冲突的焦点。

通过考察外国媒体对中国崛起的报道、态度和立场我们可以发现,中国这个有着"巨龙"象征意义的国家往往还意味着一种"威胁"。自1992年《时代》周刊等媒体驻京记者的文章《正在觉醒的巨龙:亚洲真正的威胁来自中国》发表以来,关于"中国威胁论"的声音就不绝于耳,尤其是自2008年全球金融危机后,中国在一系列重大国际事件中的亮眼表现让国际社会进一步对中国形成新的担忧——中国可能掌握新的全球"霸权"。

---

① 克兰. 文化社会学:浮现中的理论视野[M]. 王小章,郑震,译. 南京:南京大学出版社,2006:28.

(三)"筷子":传播议题的局限性影响了中国国际传播的效果

政治学家哈罗德·拉斯韦尔(Harold Lasswell)在《世界大战中的宣传技巧》一书中提出:"在国家形象构建中,将多种多样的现实符号化、概念化,将其转换成普通公众可以理解、认知、解释的现象,对政治传播来说已经被证明是行之有效的一种方式和路径。"[1]在国际传播的实践中,符号的选择及其象征意义在很大程度上制约了一个国家对外传播所能取得的实际效用。

从国际传播的常规素材和议题设置来看,中国一贯的国家传播策略倾向于将中国历史、传统习俗、旅游景点、美食文化等围绕生活方式的话题作为对外传播的主要内容,包括熊猫、川菜、汉字等在内的文化题材确实在国际传播中发挥着积极作用,增进了世界各国人民对中华文化的兴趣、对中国社会的了解。这些相对生活化的主题,对于塑造国家形象、提升对外传播"软实力"有着积极意义。不过,就国际传播的符号障碍来看,正是由于中国国际传播的常规议题太局限于美食、美景等生活议题,因此其重要性很难真正凸显出来。

作为国际传播的障碍之一,"筷子"符号指向的是中国国际传播的议题设置问题,即如何进一步超越以往的生活议题,逐步关注中国社会、中国人前途命运、中国制度可持续发展的重大公共议题。当前,中国对外传播中比较有效的议题,更多的是针对普通民众的生活化内容,但以此为基础的国际传播很难上升到国家治理层面,也很难增进国外受众对中国制度和治理逻辑的理解。当前国际社会对中国的诸多负面印象,实际上大多关乎中国社会和国家治理的根本问题,一些备受国际社会关注的议题在中国以往的对外宣传工作中被认为是敏感的。后续中国的国际传播,如何突破以"筷子"为代表的生活议题,扩展至更加多元、重大的国家议题,将是很难克服却亟待解决的问题。

(四)"大象":中国硬实力的提升与全球利益分配格局的调整

马来西亚前总理马哈蒂尔·穆罕默德(Mahathir Mohamad)说过,"中国是一头大象,是一头温和的大象,她虽然大,却不会伤害任何国家"。尽管中国一直积极对外宣传和平发展的理念和原则,然而随着中国综合实力的不断增强,仍有不少国家担忧中国的快速崛起会对他国利益造成影响、对全球秩序形成挑战。对一部分西方国家来说,

---

[1] 李正国.国家形象构建:政治传播及传媒影响力[J].现代传播(中国传媒大学学报),2006(1):157-159.

中国硬实力的增强，强化了他们对中国的担忧、疑虑和偏见，这些国家出于自身利益，试图以消极抵制甚至对抗的方式来掣肘中国，制造各种关于"中国霸权"的负面声音和话语，以此抵消中国在国际传播中的积极发声。

作为国际传播的障碍之一，这里的"大象"也与英文谚语中"屋子里的大象"相关。字面意思是狭窄空间里庞大的存在物，由此可以比喻过去几十年在全球化浪潮中受益的中国。伴随国内生产总值（GDP）稳居世界第二位，中国成为全球资源和利益格局再分配中的"大象"。还有一层意思指的是，明知其显而易见却集体保持沉默，由此可延伸出国际社会对中国的和平发展、脱贫攻坚、文明传承等诸多突出成就有意或无意地忽略。

近年来，中国综合实力的增强，虽然对部分国家的短期利益产生一定的挤压效应，但中国政府通过"一带一路"倡议的落地，努力与全球更多国家共享发展成果。不过，以美国为首的西方国家利益集团对中国取得的成就仍感到担忧、抵触，因此以各种指责和攻击的方式对中国施压。不少西方媒体对中国的负面、片面报道，其背后的根本目的在于保障西方国家自身的利益，想方设法限制中国的经济增长。"大象"作为国际传播的符号障碍，表明了在国际传播过程中客观存在的经济竞争、资源分配和利益冲突问题。

三、符号互动视角下中国国际传播的优化策略

基于上述对国际传播主要障碍的分析，结合习近平总书记关于加强我国国际传播能力建设的重要讲话，我们可知通过更有效、更有针对性、更具战略性的方式开展国际传播工作是当务之急。有学者曾提出，在国家间的交往互动过程中，国与国之间可以形成一种"共有的观念"[①]，这种共有观念可能帮助不同制度、不同历史背景、不同发展地位的国家之间发展出一种双方都能接受的文化，从而促进不同国家之间共同利益的实现，而在众多不同类型的交往互动活动中，国际传播就是一种有效的方式。从符号互动的视角出发，针对四个主要符号障碍——"眼镜""巨龙""筷子""大象"，笔者认为，中国国际传播可以从以下四个方面进行策略优化。

其一，在国际传播工作中，适度弱化带有社会制度和意识形态标签的内容和议题，通过积极的对外宣传工作促进中国与其他国家之间"共有观念"的形成。习近平总书

---

① 邓超.试论国际传播在国家形象塑造中的局限性[J].现代传播（中国传媒大学学报），2006（2）：119-120.

记曾提出,在对外宣传的工作中应该强调中国的四个形象——文明大国、东方大国、社会主义大国、负责任大国。其中,"负责任大国"这一形象,有利于促进国际社会对中国形成更良好的形象,也有利于在增进互动中弱化部分西方国家对中国的意识形态偏见。

其二,在符号互动的视角下,社会客体的意义来自社会互动,而意义是在解释过程中获得和改变的,为此需要运用更多能激发普遍共鸣的文化符号。例如,"龙"已经成为中国在国际社会的某种象征符号,但由于中西方的文化差异,"龙"这种在东方文化里威武神圣的象征符号仍然易被西方文化所误读。类似这种文化符号的差异,容易增加中国对外宣传工作的困难,为此,中国未来的国际传播可以寻找一些更具普适性意义、更能激发不同民族情感共鸣的文化符号。

其三,通过国际传播工作战略性地塑造和突出中国"温和的大象"的国际形象,在对外传播的工作中强调"人类命运共同体"等全球共同利益。要突出中国的崛起和发展对全球社会所能带来的积极效应,弱化中国在国际竞争力方面的标签,减少国际社会对所谓"中国威胁论"的担忧和顾虑。

其四,为国际传播更新、升级和换代"中国名片",通过各类具有仪式性的政治传播活动,向国际社会有效传递新时代的中国声音。符号互动理论认为,人与人之间通过传递象征符号(尤其是语言)和意义而相互作用和相互影响,在全球化的互动场景下,国与国之间的交流互动同样离不开象征符号的文化作用。有学者指出,符号互动的核心在于"意义的互动"[1]。除了一些现有惯用的文化符号(美食、建筑、风景等),未来的中国国际传播还应发掘一些既有冲击力又能促进"意义互动"的文化符号。更重要的是,在选择和设定国际传播文化符号时,要把握国际社会对中国真正关切的议题和焦点问题,减少国际传播与全球关注的偏差问题。

---

[1] 邓超.试论国际传播在国家形象塑造中的局限性[J].现代传播(中国传媒大学学报),2006(2):119-120.

超越"数字冷战":建构主义视角下平台地缘政治与国际传播的再思考*

随着信息传播技术的发展,全球信息社会正从网络社会迈向平台社会。数字平台的发展对国际传播的影响成为我国国际传播研究的重要议题。研究者聚焦于数字平台对国际传播的积极影响,但荷兰学者何塞·范·迪克(José van Dijck)等人提出的"平台社会的地缘政治"对国际传播的限制也是不得不面对的现实问题[①]。在国际传播领域,信息自由流动与国家主权管治之间历来存在复杂的矛盾[②]。任孟山认为,"以时间打破或消灭的空间,实现跨越空间的信息即时传播与共享"的国际传播信息技术与"以领土空间作为主权控制的对象,以空间的封闭性与独占性阻遏或延缓信息传递的时间,实现对信息传播时间的空间管治,保持主权国家的空间合法性"的地缘政治逻辑之间存在不可弥合的张力[③]。所以地缘政治环境下数字平台的跨境传播同样未能摆脱"信息自由流动"与"国家主权管治"在时空向度的矛盾。

部分研究直接从信息地缘政治的理论角度,探讨地缘政治对全球平台传播的影响,并提出相应的全球治理机制和我国网络媒体对外传播的应对策略。随着新秩序运动的失败,"世界信息与传播新秩序"这一命题逐渐退出国际传播研究的核心[④],美国在"新自由主义"理念下试图通过商业模式整合全球传播秩序[⑤],并以传播体系为基础设施维护美国在全球的政治经济结果,即帝国结构中的顶端地位[⑥]。但中国的崛起和美

---

* 徐桂权,叶紫瑜.建构主义视角下平台边缘政治与国际传播的再思考[J].南方传媒研究,2023(6):26-36.本书中的文章标题略有改动。

① VAN DIJCK J, POELL T, DE WAAL M. The platform society: public values in a connective world [M]. Oxford: Oxford University Press, 2018: 163-166.

② 普莱斯.媒介与主权:全球信息革命及其对国家权力的挑战[M].麻争旗,吕岩梅,徐杨,等译.北京:中国传媒大学出版社,2008.

③ 任孟山.互联网时代的国际传播与地缘政治[J].现代传播(中国传媒大学学报),2014,36(10):46-49.

④ 诺顿斯登,徐培喜.世界信息与传播新秩序的教训[J].现代传播(中国传媒大学学报),2013,35(6):64-68.

⑤ BHUIYAN S A,徐培喜.国际舆论新秩序的现状与由来[J].中国记者,2011(9):102.

⑥ 洪宇,陈帅."数字冷战"再审视:从互联网地缘政治到地缘政治话语[J].新闻与传播研究,2022,29(10):47-63,127.

国霸权地位的相对衰落，使得美国在传播等各领域对中国发难。徐培喜认为，2020年是"数字冷战元年"，在"数字冷战路线"下，美国联手盟友加强对中国数字平台的打压①，数字时代下中国的国际传播在渠道、技术、内容、利益及思想五个方面面临着严峻的挑战②。洪宇等学者结合世界体系理论和历史周期理论从帝国传播历史脉络理解"数字冷战"的诱发机制，并分析"数字冷战"背后守成霸权的地缘政治话语框架的生成逻辑③。这类研究直面"数字冷战"的现实，给出了客观冷静的分析，但对于我国建构"网络空间命运共同体"的主张尚未能提出规范性的理论支持。

还有的学者从国际关系理论出发，对地缘政治与国际传播的关系进行讨论。例如，马立明结合国际关系理论的理想主义与现实主义范式，论述了从信息全球化到信息地缘政治的思维转化的必要性。对于国际关系理论中的建构主义范式，马立明则认为其侧重强调观念的力量而忽视物质的作用，解释力较弱，因而未予考虑④。然而，在信息地缘政治的应对战略中，不同的规范理念对相关政策的制定具有直接影响，尤其是国际社会的"无政府"状态同样深刻地影响着全球信息治理，并一直延伸到数字平台社会。国际关系建构主义学派代表人物亚历山大·温特（Alexander Wendt）认为，无政府状态是由国际社会成员在互动时的共有观念造成的，它的逻辑内涵既可以是敌对冲突，又可以是友好合作，取决于社会成员如何建构它们之间的关系。温特将国际政治文化分为霍布斯文化、洛克文化和康德文化三种类型，分别对应敌人、对手和朋友三种国家的角色认知，并认为国际合作不仅是完全可能的，而且国家可以造就一种从根本上就趋于合作的国际政治文化⑤。在建构主义逻辑下，国际政治文化直接影响国家在地缘政治下的平台治理的政策制定和战略选择。

鉴于此，本文将从温特三种国际政治文化的角度出发，试图在现实主义与理想主义之外找到第三条道路，为我国应对数字平台时代的地缘政治、探索国际传播的路径及建构"网络空间命运共同体"提供理论思路，并试图回答在全球平台社会语境中，不同的信息地缘政治战略对国际传播活动将产生怎样的影响；在我国建构"网络空间

---

① 徐培喜.2020数字冷战元年：网络空间全球治理的两种路线之争[J].信息安全与通信保密，2021（3）：16-23.
② 徐培喜.数字时代中国国际传播领域面临的五个挑战[J].现代传播（中国传媒大学学报），2021，43（6）：14-16.
③ 洪宇，陈帅."数字冷战"再审视：从互联网地缘政治到地缘政治话语[J]新闻与传播研究，2022，29（10）：47-63，127.
④ 马立明.从信息全球化到信息地缘政治：互联网思维逻辑的演进与趋势[J].国外社会科学，2021（6）：84-95，158.
⑤ 温特.国际政治的社会理论[M].秦亚青，译.上海：上海人民出版社，2014：244-301.

命运共同体"的理念指导下，我国的对外传播主体如何应对信息地缘政治、积极参与平台国际传播。

一、平台帝国主义与平台民族主义：霍布斯文化视角下的全球平台传播

温特认为，霍布斯文化的逻辑是"所有人反对所有人的战争"。在零和逻辑、弱肉强食的丛林文化下，国家相互敌视、相互残杀，并通过"自助"保全自身[①]。随着信息技术的发展，国家间的对抗空间也在不断拓展。21 世纪初，美国多份军方文件将"网络空间"称作与陆地、海洋、空中和太空同等重要的战场[②]。尽管中国多次强调对战争持谨慎态度，但美国仍执意在网络空间挑起战争[③]。在霍布斯文化下，各国在平台领域的对抗表现为"数字冷战"，其焦点在于对"信息权"的争夺。在"数字冷战"的背景下，各国在数字平台展开激烈对抗，全球平台传播呈现"平台帝国主义"和"平台民族主义"两种战略取向。

尽管在国际传播研究领域，"全球化"范式给"媒介/文化帝国主义"范式带来了冲击，但部分学者认为帝国主义范式仍未过时[④]。在平台社会时代，由于绝大多数数字平台被控制在极少数西方国家手中，平台成为帝国主义的新来源[⑤]。加拿大西蒙弗雷泽大学金大勇（Dal Yong Jin）教授认为，"'平台帝国主义'是西方国家（主要是美国）与许多发展中国家之间不对称的相互依存关系"，其技术交流不平等与资本流动不平等的特点"意味着以美国为基础的平台在技术上和象征性上占据主导地位，极大地影响了大多数人和国家"[⑥]。美国等数字强国在"信息自由流动"这一原则的掩护下进行信息扩张，将"信息弱国置于信息强国的传播主导地位之下，其引发的信息不对称有助于在国际信息传播中巩固现存的不平等权力关系，造成全球信息地缘政治的强烈冲突"[⑦]。

---

① 温特. 国际政治的社会理论 [M]. 秦亚青, 译. 上海：上海人民出版社, 2014：255-272.
② 吕晶华. 美国网络空间战思想发展述评 [J]. 西安政治学院学报, 2017, 30（1）：117-122.
③ 徐培喜. 网络空间国际规则辩论：五个领域的变迁 [J]. 信息安全与通信保密, 2020（1）：17-21.
④ 巴雷特. 媒介帝国主义 [M]. 任孟山, 译. 北京：中国传媒大学出版社, 2021. 斯巴克斯. 全球化、社会发展与大众媒体 [M], 刘舸, 常怡如, 译. 北京：社会科学文献出版社, 2009.
⑤ JIN D Y. Globalization and media in the digital platform age [M]. New York：Routledge, 2019：53.
⑥ JIN D Y. Digital platform, imperialism and political culture [M]. New York：Routledge, 2015：12.
⑦ 罗昕, 张梦. 算法传播的信息地缘政治与全球风险治理 [J]. 现代传播（中国传媒大学学报）, 2020, 42（7）：68-72.

在平台技术领域，一方面，技术中心国家以合作之名向其他国家输出先进技术，导致技术边缘国家对技术中心国家的不平等依赖不断增加，技术中心国家在强化地缘政治固有不平等的同时，也在传播新的不平等①。美国的搜索引擎、社交网站、操作系统等数字平台不断在全球进行渗透，企图控制全球平台市场，并从中获得巨额数字收益，通过数字平台和相关文化不断扩大其影响力，推动美国与其他国家之间不对称权力关系的发展②。"另一方面，各国在核心传播技术的自主研发和运用上的竞争更加激烈，技术中心国家凭借先进的传播技术争夺信息空间战略制高点，扩大全球地缘优势"③。当前的全球平台系统可分为两大阵营，分别是以脸书（Facebook）、苹果（Apple）、亚马逊（Amazon）、奈飞（Netflix）、谷歌（Google）等美国互联网巨头为主导的"狼牙"（FAANG）阵营和以百度、阿里、腾讯、京东等中国公司为主导的"蝙蝠"（BATJ）阵营，两者也是地缘权力博弈的重要空间。2018年10月，抖音国际版 TikTok 超越脸书、照片墙（Instagram）、色拉布（Snapchat）和油管（YouTube）成为美国月度下载量最高的应用，随后美国持续试图封禁或收购抖音国际版，引发中美之间的一系列冲突。2020年8月5日，美国时任国务卿迈克·蓬佩奥（Mike Pompeo）提出"清洁网络计划"，以遏制中国华为公司的发展，强制世界其他国家在中美之间选边站队，揭开了"数字冷战"的序幕；美国在印太战略的支撑下拉拢印度组成"四国联盟"，怂恿印度首先封禁中国的59款App④。2021年1月，时任美国总统的唐纳德·特朗普（Donald Trump）签署行政令，禁止美国企业与个人参与包括支付宝、微信支付在内的8款由中国企业开发的软件交易，通过政治手段重新制定数字平台治理的规则。

在平台文化和价值观方面，信息强国借助平台实施文化霸权，并进行价值观的渗透。近年来，尽管抖音国际版的海外用户量增长势头迅猛，但在全球范围内用户覆盖面最广的仍为以英语为主要语言的传播平台，"这种英语占'强势地位'的现象，不可避免地将英语国家的意识形态、思维框架、行为准则、价值理念等强加于非英语国家，使得文化间的双向交流变成了单向输出"⑤。数字形式的权力通过数字平台的三大核心支柱连接在一起：硬件、企业以及文化和政治价值观，美国对这三个要素的支配

---

① 罗昕，张梦.算法传播的信息地缘政治与全球风险治理［J］.现代传播（中国传媒大学学报），2020，42（7）：68.
② JIN D Y. Globalization and media in the digital platform age［M］. New York：Routledge，2019：54-57.
③ 罗昕，张梦.算法传播的信息地缘政治与全球风险治理［J］.现代传播（中国传媒大学学报），2020，42（7）：68-72.
④ 徐培喜.2020数字冷战元年：网络空间全球治理的两种路线之争［J］.信息安全与通信保密，2021（3）：16-23.
⑤ 贾中海，齐峰.信息时代文化帝国主义新形式探析［J］.理论探讨，2015（1）：165.

使其拥有了强大的力量来源①。美国利用用户可通过社交媒体进行便利沟通的特性扩大"美国价值观"的全球影响力,并在2011年的"阿拉伯之春"、2014年的乌克兰"橙色革命"等政治运动中发挥作用,使平台成为美国实现和平演变的"特洛伊木马"②。与此同时,由于平台在全球范围内拥有用户数量多、信息传播快、影响力度大的特点,因此各国在数字平台上积极开展意识形态斗争。特朗普和拜登在任期间,美国通过政治手段重新制定数字平台治理规则,并编造"数字威权主义"涉华虚假叙事,炒作意识形态仇恨,借此打造"数字时代的排华俱乐部",以应对当前美国面临的国际挑战③。在2022年的俄乌冲突中,大量社交机器人在推特(Twitter)上"通过传播虚假信息、营造虚假气氛、与更多人建立关系等手段操纵舆论"④。一方面,数字平台促进了各国用户参与全球议题的讨论;另一方面,信息传播能力强、用户覆盖范围广的数字平台也为数字帝国实施价值观霸权、开展意识形态斗争提供了便利。

霸权国家的帝国主义行为成为受压迫国家"民族主义"话语兴起的诱因之一。民族主义思潮随着民族国家的产生、资本主义的殖民扩张以及民族国家之间的矛盾冲突不断发展并在世界范围内传播。第一次世界大战后,欧洲国家的帝国主义行为激起了全球第四波民族主义——亚非殖民地民族主义⑤。"为摆脱对超级大国的依从,争取自身政治与经济自主",民族主义"成为广大发展中国家整合国民意志、维护民族主权和民族团结的有力武器"⑥。数字霸权国的"平台帝国主义"行为同样激发了"平台民族主义"的产生。在意识到"信息自由流动"原则的欺骗性后,各国政府通过制定法规、行政命令等方式,在主权范围内筑起"防火墙",禁用境外数字平台或对其严加管制。一方面"平台民族主义"为建构平台数字主权、抵御跨境信息入侵、加强境内平台管理等提供了武器;另一方面"平台民族主义"也引发了各国在数字平台领域的激烈冲突。

近年来,各国政府通过禁用等方式加强对跨境平台的信息管控,以抵御跨境信息流动对主权的冲击。在2021年的"澳大利亚与脸书之争"中,澳大利亚政府试图通过法规强化对境外数字平台的管理,但此举遭到脸书的反制。脸书宣布限制澳大利亚的

---

① JIN D Y. Globalization and media in the digital platform age [M]. New York: Routledge, 2019: 4.
② 马立明. 从信息全球化到信息地缘政治:互联网思维逻辑的演进与趋势 [J]. 国外社会科学, 2021 (6): 84-95, 158.
③ 徐培喜. 美国编织"数字威权主义"涉华虚假叙事的动机、方法与根源剖析 [J]. 对外传播, 2022 (11): 26-29.
④ 赵蓓, 张洪忠, 任吴炯, 等. 标签、账号与叙事:社交机器人在俄乌冲突中的舆论干预研究 [J]. 新闻与写作, 2022 (9): 89-99.
⑤ 安德森. 想象的共同体 [M]. 吴叡人, 译. 上海:上海人民出版社, 2016: 130.
⑥ 李义天, 赵嘉. 作为政治思潮的民族主义:历史与问题 [J]. 山西师大学报(社会科学版), 2021, 48 (4): 73-80.

发行商和用户共享或查看澳大利亚和国际新闻内容。各国通过政治性手段抵抗信息强国平台霸权，但这种"平台民族主义"行为也引发了一系列冲突。

在对平台应用的监管阻碍全球网络意见流动的同时，多国政府在信息内容上筑起电子屏障，进一步阻碍境内民众接收境外信息、与境外用户展开交流，使得平台在舆论方面也呈现明显的民族主义特征。2019年，俄罗斯宣布成功实施"断网"测试，尝试让俄罗斯范围内的互联网、物联网和通信网在与全球网络断开的情况下正常运行。同年，印度、伊朗、土耳其和伊拉克等国也采取了"限制上网和关闭互联网"的措施以应对国家紧急情况，导致其国内民众无法正常使用互联网。作为对以美国为首的西方国家所倡导的"信息自由流动"主张的应对，"断网"行动加速了网络空间"割裂化"和"碎片化"的趋势[①]。信息"防火墙"的设立阻碍了境内民众了解外部世界，而平台算法机制带来的"信息茧房"进一步加深了平台用户的意见极化[②]，使得社交媒体上用户的民族主义情绪和表达更加激烈，各国平台用户之间呈现"只表达，不交流"的状态。

随着数字平台逐渐深入生产生活的每一个角落，平台掌握和产生的大量数据成为重要的战略资源。有研究者认为，"大国战略竞争背景下的数据所有权与民族主义的交融。各大国在数据资源所有权问题上展开了战略竞争……数字数据也被纳入民族主义叙事，国家竞争视角下的跨境数据存储、控制、流动和交易等环节以及数据隐私与安全等也都面临着民族主义的审视"[③]。2019年，乌兹别克斯坦通过《个人数据法》，规定"使用信息技术和网络处理乌兹别克斯坦公民个人数据的企业所有者和运营商，有义务确保其收集、分析和存储个人数据的数据库在物理上位于乌兹别克斯坦境内"，并以违反《个人数据法》为由封禁了脸书、照片墙等社交平台，引发该国用户的不满[④]。"数字民族主义"主张数据的本地化储存，严格限定特定数据的跨国界传输，强调国家对数据的主权控制，在一定程度上瓦解了全球数字平台治理的合作基础。

无论是"平台帝国主义"还是"平台民族主义"，霍布斯文化都使各国从政府到用户在平台领域都进入了相互对抗、缺乏信任和拒绝沟通的状态，阻碍了各国在平台治

---

① 苗争鸣."碎片化"的网络空间趋势——基于俄罗斯"断网"的研究[J].信息安全与通信保密，2020（9）：69-74.王丹娜.部分国家"断网"类型、原因与启示[J].中国信息安全，2020（2）：14-15.
② 王益成，王萍，王美月，等.信息运动视角下内容智能分发平台突破"信息茧房"策略研究[J].情报理论与实践，2018，41（5）：114-119.
③ 毛维准，刘一燊.数据民族主义：驱动逻辑与政策影响[J].国际展望，2020，12（3）：20-42，154.
④ 康杰.中亚国家数字化转型中的数字主权政策——以哈萨克斯坦、乌兹别克斯坦为例[J].俄罗斯东欧中亚研究，2022（4）：142-157，162.

理领域加强合作和搭建共识，不利于"网络空间命运共同体"的建构。

二、平台多边主义：洛克文化视角下的全球平台传播

按照温特的观点，洛克文化是以"竞争对手"为他国角色建构的国际无政府文化。尽管竞争对手在发生争执时同样会使用暴力，但国家行为的基础在于承认对方的主权[①]。与霍布斯文化不同，洛克"无政府"文化中的主权并非通过武力胁迫的对抗方式获得，不以强军事实力为依赖，而是在国际社会成员中形成"相互承认对方主权""不剥夺对方生命和自由"的集体共识，并促使各国内化和遵守这些规范，以维护国际秩序的稳定。在洛克文化下，全球平台治理呈现"平台多边主义"的战略取向。

当前全球网络治理有两种模式之争，分别为"多方模式"和"多边模式"。"多方模式"即"多利益相关方模式"。在多方模式下，互联网以"互联网名称与数字地址分配机构ICANN"为核心进行"网络化管理"，从而"从域名注册商等中小企业到普通的互联网用户，从技术人员、政府、学术界到民间机构，各相关方都能够参与其中表达意见，提出诉求"[②]。尽管在这个模式实施之初美国政府便有意限制政府在全球互联网治理的权力，但由于互联网治理机构"支持信息社会国际商会联盟（ICC BASIS）"中的5家公司代表全部来自美国，因此"多方模式"实际上成为美国在全球实施信息霸权的有利机制[③]。不过，随着2016年美国商务部成功移交IANA（全球IP地址、协议参数和域名系统管理机构）职能管理权，美国商务部跟ICANN签署的合同自动失效，ICANN向独立自主和全球化的目标迈出了关键一步。有学者认为，ICANN所体现的多方模式仍具有一定的吸引力和扩散潜力，并为中国这样的新兴互联网大国参与全球互联网治理的历史进程提供了机遇[④]。

"多边模式"即由主权国家政府作为网络治理核心的模式。"多边模式"的逻辑来自"国家主权说"，即国家在网络空间具有主权，这种主权是国家领土主权在网络空间的延伸。因此，网络空间的全球治理主体应当是主权国家，在这个前提下，应该通过

---

① 温特. 国际政治的社会理论［M］. 秦亚青, 译. 上海: 上海人民出版社, 2014: 272-288.
② 方兴东, 田金强, 陈帅. 全球网络治理多方模式和多边模式比较与中国对策建议［J］. 汕头大学学报（人文社会科学版）, 2017, 33（9）: 35, 36-42.
③ 邹军. 全球互联网治理的新趋势及启示——解析"多利益攸关方"模式［J］. 现代传播（中国传媒大学学报）, 2015, 37（11）: 53-57.
④ 徐培喜. ICANN@十字路口: 驾驭IANA职能管理权移交［J］. 汕头大学学报（人文社会科学版）, 2016, 32（6）: 28-34.

联合国，或者建立新的主权国家政府间多边合作的机制来实现网络空间的全球治理[1]。2019年，《俄罗斯互联网主权法》正式实施，"从法律上规定了俄罗斯作为主权国家对境内互联网内容和流量进行监控，并在非常时期实施中央管理的权利"[2]。2020年，欧洲议会发布《欧洲数字主权》报告，以维护欧盟成员国的数字主权安全[3]。

"多方模式"和"多边模式"在实践中互有长短，各有利弊，而随着治理内容逐渐由低级政治向高级政治靠拢，政府的作用会逐渐加大，最后在国家安全领域的治理中完全实现多边主义主导[4]。"多边模式"下的平台传播"承认国家对境内平台传播应用、内容与数据等具有主权，主权国家为平台传播治理主体"的主张与洛克文化的逻辑不谋而合，"平台多边主义"也成了洛克文化下国家实施平台治理的战略选择。尽管国家的"数字主权"尚未得到普遍性的国际承认[5]，但多国已采取实际措施加强对国内数字平台的主权管控。在"平台多边主义"战略下，主权国家对平台传播的治理主要表现为两个方面：对内方面，"国家通过立法手段和设立专门监管机构等制度化途径，让网络空间正式被纳入国家法制管辖范围，实现对网络空间的有效治理，确立自己在网络空间的权威"[6]。2020年，欧盟委员会提交了《数字服务法》《数字市场法》等法案，从"落实数据保护规则，保护个人隐私权；采取政策和立法措施，强化平台责任；开展反垄断，提升市场环境公平性；开征数字税，截留数字经济红利"四方面政策强化对数字平台的监管，以维护欧盟成员国的数字主权[7]。对外方面，国家"通过网络国防安全措施，保障国家网络安全，从而确立主权国家在网络安全中的主体地位"[8]。中国在《全球数据安全倡议》中明确反对利用信息技术破坏他国关键基础设施或窃取重要数据等行为。俄罗斯也将境外数据路由节点作为数据进出口的"海关"，通过安装反威胁侦测系统、加强国家域名管理等方式加强对跨境信息流动的管制，维护国家信息安全[9]。

在洛克文化下，国家间的互动模式为竞争关系。平台竞争有助于推动平台技术创新，提高平台用户体验，但随着谷歌、脸书等数字平台的不断发展，数字市场出现了"倾斜效应"，数字资源迅速向单一的、具有超强优势的数字服务提供者集中，最

---

[1] 强宇豪.基于国家主权的全球网络空间多边多元治理[J].渭南师范学院学报，2020，35（1）：69-75.
[2] 陈春彦.试析《俄罗斯互联网主权法》的背景与影响[J].传媒，2020（24）：51-53.
[3] 史拴拴.欧盟数字主权：生成逻辑、构建策略与现实挑战[J].世界经济与政治论坛，2022（6）：56-77.
[4] 郎平.网络空间：国际治理与博弈[M].北京：中国社会科学出版社，2022：63.
[5] 康杰.中亚国家数字化转型中的数字主权政策——以哈萨克斯坦、乌兹别克斯坦为例[J].俄罗斯东欧中亚研究，2022（4）：142-157，162.
[6] 强宇豪.基于国家主权的全球网络空间多边多元治理[J].渭南师范学院学报，2020，35（1）：72.
[7] 郭丰，秦越.欧盟维护数字主权的理念与行动[J].信息资源管理学报，2022，12（4）：70-81.
[8] 强宇豪.基于国家主权的全球网络空间多边多元治理[J].渭南师范学院学报，2020，35（1）：72.
[9] 陈春彦.俄罗斯互联网主权立法创新与启示[J].中国广播电视学刊，2021（11）：65-70.

终在全球平台市场获得垄断或寡头地位，形成竞争壁垒，阻碍其他平台参与竞争[①]。"平台多边主义"强调国家对数字平台的管辖，有助于各国出台相关法案或成立相关部门进行数字平台反垄断规制，营造数字平台良性竞争的市场环境。2017年，德国重新修订《反限制竞争法》，新增一系列针对数字市场的反垄断法规则，并于两年后公布了对脸书的调查结果，认定其滥用市场支配地位[②]。2022年，中国再次修订《中华人民共和国反垄断法》，"从而较为有效地以国家行为体的角色抑制平台垄断"[③]。

然而，竞争与对抗的界限并非截然分明。特朗普政府过多强调国家间竞争并将其推向极端化的行为导致敌我二元对立关系的形成[④]，使平台传播的地缘政治从"洛克文化"向"霍布斯文化"转变。因此，建构"网络空间命运共同体"来管控分歧，防止因竞争激化而走向对抗，是促进"平台多边主义"成为现实的关键。

中国历来推崇网络多边治理模式，而"平台多边主义"符合中国"网络空间命运共同体"理念。在2015年举办的第二届世界互联网大会上，习近平主席提出了构建"网络空间命运共同体"的五点主张，其中第一条便是加快全球网络基础设施建设，促进互联互通。"平台多边主义"模式有助于政府集中资源加快平台基础设施建设，摆脱对信息霸权国及其跨国公司的技术和资金依赖，促进各国独立自主建设平台基础设施。2022年11月7日，国务院新闻办公室发布《携手构建网络空间命运共同体》白皮书，提出了构建网络空间命运共同体的四项原则，其中的三条为：尊重网络主权、维护和平安全、构建良好秩序。"平台多边主义"模式确定了政府的主导地位，明确了主权治理边界，其优势在于迅速集中资源"应对大规模的网络安全挑战、打击网络犯罪、维护传统世界和网络世界的安全有序"[⑤]。与此同时，"平台多边主义"主张通过立法及设立专门监管机构加强对平台传播的治理，有助于平台秩序的维护。因此，"平台多边主义"可成为中国推进"网络空间命运共同体"的战略选择之一。

---

① 孙远钊.论数字市场和网络平台的竞争与垄断——国际实证调研梳理与欧、美最近发展[J].竞争政策研究，2021（2）：5-28.
② 张怀印.数字经济时代企业市场支配地位认定：基于德国反垄断执法案例的评析[J].德国研究，2019，34（4）：114-129，151-152.
③ 姬德强，张毓强.从媒介到平台：中国国际传播的认识论转向[J].对外传播，2022（12）：72-76.
④ 胡正荣，李继东，姬德强.中国国际传播发展研究[M].北京：社会科学文献出版社，2021：3.
⑤ 方兴东，田金强，陈帅.全球网络治理多方模式和多边模式比较与中国对策建议[J].汕头大学学报（人文社会科学版），2017，33（9）：35，36-42.

三、平台世界主义与平台合作主义：康德文化视角下的全球平台传播

温特认为，康德文化是以"朋友"为角色建构的国际无政府文化。在康德文化中，国家间超越"安全困境"，承诺不以暴力方式解决问题。崇尚"我为人人、人人为我"的文化使得国际社会超越"自助"体系而进入"互助"的合作状态，促进"国家共同体"的建构①。"网络空间命运共同体"虽然强调网络主权的现实向度，但其更高的理想是对共识、价值、新文明的追求②。这正是对康德文化的回应。在康德文化下，全球平台传播可超越信息地缘政治的冲突，走向"平台世界主义"和"平台合作主义"的理想前景。

"平台世界主义"的概念由清华大学史安斌教授提出。"平台世界主义"的逻辑在于平台媒体在整合传播语境方面的天然优势使得全球平台传播可以超越报纸、广播、电视等机构媒体时代及互联网时代全球传播的"国族中心主义"和"虚拟世界主义"的理念③，平台文化呈现突破"国族文化"的融合状态。从平台技术的"可供性"来看，数字平台为全球网民进行跨境交流和互动提供了便利性，交流的过程增进了不同国家和民族、不同宗教、不同文化的用户对其他文化的了解，在互动过程中用户产生新的不属于任何国族的共同的平台文化，并产生平台文化认同。数字平台通过提供网络通用服务降低普通个体参与跨境传播的门槛，普通用户在国际传播链条中的重要性得以凸显；在平台的赋权作用下，"那些在大众时代被边缘化的非国家行为体尤其是普通个体，主动寻求信息并自由表达思想，成为拥有传播权利的主体"④。史安斌等人认为，社交媒体的普及使得媒介内容的生产模式从"专业生产内容"转向"用户生产内容"，"原本被动接收信息的草根受众成为咨询和观点生产与传播的主体"。这使得平台用户在进行内容生产时不必像传统媒体那样受国家政治立场的限制，从而跳出"西方中心主义"和"去西方化"的二元对立叙事，超越具有"单向传输"特征的"跨文化传播"，走向具有"共同文化"性质的"转文化传播"内容生产之路⑤。与此同时，随着

---

① 温特. 国际政治的社会理论 [M]. 秦亚青，译. 上海：上海人民出版社，2014：288-301.
② 徐培喜. 数字冷战研究：案例、争议及走向 [M]. 北京：光明日报出版社，2022：237.
③ 史安斌，童桐. 平台世界主义视域下跨文化传播理论和实践的升维 [J]. 跨文化传播研究，2021（1）：31-50.
④ 李鲤. 赋权·赋能·赋意：平台化社会时代国际传播的三重进路 [J]. 现代传播（中国传媒大学学报），2021，43（10）：60-64.
⑤ 史安斌，童桐. 平台世界主义视域下跨文化传播理论和实践的升维 [J]. 跨文化传播研究，2021（1）：31-50.

全球人口流动的加剧，具有多重文化身份的用户将作为"第三文化人"直面并超越国族文化差异，进行具有"世界主义"特征的数字平台内容生产与传播，成为"人类命运共同体"的有机组成部分①。

从平台价值观层面来看，"平台世界主义"的理念有助于"全球公共领域"的形成。"公共领域"的概念自提出以来，经西方马克思主义法兰克福学派第二代代表人物尤尔根·哈贝马斯（Jürgen Habermas）的丰富和发展，内涵在信息传播技术演进中不断被更新，但无论其内涵如何变化，"公共领域"都包含"自由而平等的参与者""保障参与者充分沟通的媒介""理性、多元的舆论"三个基本构成要素。数字平台为用户参与全球事务讨论提供了媒介基础，而"平台世界主义"在促进具有文化杂糅性质的"共同文化"生产的同时，激发了用户全球共同体意识，使得用户能够超越国族身份认同，形成更广泛的全人类身份认同，从而更积极地参与到全球公共事务的讨论中，促进"全球公共领域"的生成②。

与此同时，"平台合作主义"话语随着对"共享经济"及"平台资本主义"的批判而出现，德国学者特雷博尔·肖尔茨（Trebor Scholz）等人对这一词汇进行了推广，并于2014年发起了一场国际平台合作主义运动③。肖尔茨认为，平台合作主义的本质在于通过合作社的模式利用算法实现平台利益相关方的合作运行、民主共治及剩余价值共同分配④。"平台合作主义"试图打破平台资本对数字平台所有权的垄断，使数字平台惠及所有人而非仅为少数人获取利润⑤。当前国际社会仍是资本主义主导的，"平台合作主义"下的平台地缘政治有助于突破发达国家对发展中国家的数字剥削，实现平台民主共治，促进各国共享平台价值，而这一理念与中国倡议的"网络空间命运共同体"不谋而合。《携手构建网络空间命运共同体》白皮书提出："中国同国际社会一道，积极推进全球信息基础设施建设，推动互联网普及应用，努力提升全球数字互联互通水平。"中国将通过协助全球光缆海缆建设为互联网普及运用提供技术支持，以及通过提升北

---

① 史安斌，童桐.平台世界主义视域下的"第三文化人"：国际传播的一种协商视角[J].传媒观察，2022（8）：5-12.
② 李智.国际传播[M].2版.北京：中国人民大学出版社，2020：54-59.
③ ZHU J, MARJANOVIC O. A different kind of sharing econorny. A literature reriew of platform cooperatives[EB/OL].（2021-01-05）[2023-10-15].https://scholarspace.manoa.hawaii.edu/items/53742f09-a53a-48c5-8ee9-1c68460b88b8.
④ PAPADIMITROPOULOS E. Platform capitalism, platform cooperativism, and the commons[J]. Rethinking marxism, 2021, 33（2）：246-262.
⑤ SHOLZ T. Platform cooperativism: challenging the corporate sharing economy[EB/OL].（2016-06-19）[2023-10-15]. http://monoskop. org/images/s/sb/scholz_Trebor_platform-Cooperativism-challenging-the-Corporate-sharing-Economy.pdf.

斗系统和 5G 网络系统为促进全球数字平台基础设施建设助力，推动各国基础设施均等化发展。中国积极开展网络扶贫国际合作、研发数字公共产品、打造网上文化交流平台，"致力于弥合数字鸿沟，推动网络文化交流与文明互鉴，加强对弱势群体的支持和帮助，促进互联网发展成果惠及不同国家和地区的人民"。

从政治经济学的角度来看，美国公共选择学派创始人之一埃莉诺·奥斯特罗姆（Elinor Ostrom）提出"公地治理"的多中心自主治理理论[①]。在广播电视领域，"公地"（common）概念已为传播政治经济学学者所采纳。数字平台的低准入门槛和用户注意力等资源的稀缺性使得平台成为"数字公地"的新形式[②]。然而，"由于缺乏合适的产权安排或管理制度，公地之上的理性个体会竞争性地开发资源，最后生态圈遭受破坏，从而造成集体利益受损的'公地悲剧'的结局"[③]。如何避免"公地悲剧"成为政治经济学者着力探究的问题。"平台合作主义"主张各国加强在平台领域的合作，共同应对平台危机，为解决"公地悲剧"提供了选择方案。为加快构建"网络命运共同体"，中国积极参与各国的数字平台在经济和安全领域的合作，推动发起《促进互联网经济合作倡议》《二十国集团数字经济发展与合作倡议》《中国—东盟关于建立数字经济合作伙伴关系的倡议》《金砖国家网络安全务实合作路线图》《"中国+中亚五国"数据安全合作倡议》等一系列倡议和宣言，通过搭建世界互联网大会交流平台等形式，推动全球数字经济发展并维护全球数字安全。

四、结语

数字平台自诞生之初便被人们寄予了创造建构全球公共领域的厚望，然而随着逆全球化势头的出现，国家间的信任危机加剧。算法推荐机制等因素更增加了平台环境的裂痕，平台传播的地缘政治对抗越发激烈。如何超越"数字冷战"思维，建构非对抗式的平台话语成为国际传播关注的问题。

本文分析了国际关系建构主义范式中温特所提出的三种"无政府文化"下各国的平台传播战略选择以及国际传播与数字平台的关系（见表1）。在霍布斯文化下，数字平台的角色定位为"平台帝国主义"和"平台民族主义"，国家间信息技术发展的不平

---

① 奥斯特罗姆. 公共事务的治理之道[M]. 余逊达，陈旭东，译. 上海：上海译文出版社，2000.
② FUCHS C. The digital commons and the digital public sphere: how to advance digital democracy today[J]. Westminster papers in communication and culture, 2021, 16（1）.
③ 王婧. "公地悲剧"：学术脉络与理论内涵[J]. 环境社会学，2022，（1）：34-48，233.

衡使得信息强国得以在世界范围内实施平台帝国主义行为，部分国家则加强了对境外平台的警惕，并采取了一系列策略抵御信息的跨境流动，由此引发了一系列冲突，数字平台成为国际宣传与话语斗争的场域。在洛克文化下，数字平台的角色定位为"平台多边主义"，国家互相承认对方的平台主权，各国在平台领域展开多元话语的良性竞争。在康德文化下，平台文化超越"国族中心主义"进行"转文化传播"内容生产，国家间通过合作共同参与平台治理，数字平台的角色定位为"平台世界主义"和"平台合作主义"。

表1 三种"无政府文化"下全球平台传播的角色定位

	霍布斯文化	洛克文化	康德文化
角色建构	敌人	对手	朋友
互动模式	对抗	竞争	合作
平台定位的话语	平台帝国主义 平台民族主义	平台多边主义	平台世界主义 平台合作主义
数字平台与国际传播的关系	数字平台是国际宣传与话语斗争的场域	数字平台是国际社会多元话语竞争的场域	数字平台是国际社会多元话语合作的场域

本文主张超越"数字冷战"话语，并不是否定"数字冷战"现实存在的可能性，而是试图在多元的国际政治理念指导下，探索国际网络空间治理的话语创新。温特指出，霍布斯文化、洛克文化和康德文化三种文化反映了国际社会的历史演进过程。笔者认为，平台社会治理应在洛克文化和康德文化之间找到平衡，即在竞争文化与合作文化之间形成可进可退的"竞合话语"。在此框架下，"平台多边主义""平台世界主义""平台合作主义"提倡的非对抗逻辑与我国倡议构建"网络空间命运共同体"的理念不谋而合。"网络空间命运共同体"主张尊重国家网络主权，加强平台国际合作，促进全球平台传播的民主化发展，因此"平台多边主义""平台世界主义""平台合作主义"可成为我国进行平台治理的战略话语资源。

第二编　媒体话语

主体建构与利益博弈：现实建构主义视角下亚投行报道的框架分析*

一、问题的提出

2014年10月24日，包括中国、印度、新加坡等国在内的21个首批意向创始成员国代表在北京签约，共同决定成立亚洲基础设施投资银行（以下简称亚投行）。截至2015年4月15日，亚投行意向创始成员国确定为57个。亚投行在国家主席习近平提出之际便获得全球关注，亚投行意向创始成员国涵盖了除美国、加拿大、日本之外的经济发达国家，遍及五大洲，关于亚投行的报道见诸各国际媒体，而作为主导国的中国无疑成为报道的焦点。亚投行的筹建不仅对中国具有现实利益价值，在我国对外传播层面更有重要的政治意义。

在国际关系的实践层面，亚投行的议题是中国政府近几年来最重要的外交事件。首先，中国政府近年来致力于推动多边主义外交：2001年，成立上海合作组织；2009年，加入旨在推动多极世界的金砖国家论坛；2014年，成立金砖国家新开发银行；而2015年筹建亚投行的议题涉及面更广，影响程度更深[1]。其次，从中华人民共和国成立后的独立自主的和平外交政策到21世纪"与邻为善，以邻为伴"的"睦邻、安邻、富邻"外交政策，中国的对外策略逐渐调整变化[2]。由此，在新一届政府"新型大国关系"的外交理念下研究亚投行议题的对外传播效果更具有时代意义。最后，新一届政府在处理国际外交事务中具有"软硬兼施"特色[3]，其在冲突事件中强硬的态度与

---

* 徐桂权，方若琳，苏幼真，等.主体建构与利益博弈：现实建构主义视角下亚投行报道的框架分析[J].国际新闻界，2016（6）：44-61.
① RENARD T. The Asian infrastructure investment bank（AIIB）：China's new multilateralism and the erosion of the west[J/OL].Security policy brief，2015（63）.http://aei.pitt.edu/647891.
② 洪帆，郭振雪.中国媒体外交：发展、挑战与思考[J].世界经济与政治论坛，2013（4）：162-172.
③ LAM P E. China's Asian infrastructure investment bank：East Asian responses[J]. East Asian policy，2014，6（4）：127-135.

国际合作项目中睦邻的姿态形成反差。在现有的研究中，中菲南海问题[①]、黄岩岛问题[②]等冲突事件的报道分析不难发掘，而类似于亚投行议题的国际合作事件报道分析却鲜见于学界讨论中。

在理论层面，现有的对外传播研究对国际舆论局势的基本判断是，当今世界的国际舆论格局仍由欧美媒体主导，中国处于英语霸权和西强我弱的舆论格局之中；我国一些媒体不由自主地被西方国家的议程设置所引导，处于被动境地[③]。从国际传播的信息流来看，国际传播的信息亦呈现从西向东、由北到南、从发达国家流向发展中国家的状态[④]。因此，在国际舆论场的话语竞争中，中国需要调整以往在国际传播中处于边缘的状态，增强主动传播的意识，反抗媒介帝国主义，并提出中国对外传播策略，改善中国形象。例如，在2009年的世界媒体峰会上，时任新华通讯社社长李从军重提"构建世界传媒新秩序"的主张，提倡国际传播中应遵循的"更加公平""更多共赢""更大包容""更强责任"四项原则[⑤]。亚投行议题作为中国主动发起的地区性国际合作议题，正是中国对外传播自主意识逐渐成熟的体现，即从被动的、对媒介帝国主义的抵抗，转向积极的、具有传播主体意识的议题建构，因而具有重要的学术探讨价值。

那么，在国际舆论环境变化的契机中，对于亚投行这个国际政治经济议题，国际媒体的报道与往常重大事件的报道有何不同？在报道亚投行议题时，倡议国（中国）、参与国（以英国为例）及反对者（以美国为例）的媒体分别凸显和忽略了哪些新闻议题？特别是中方媒体对亚投行议题的建构具有怎样的话语特征？这就是本文要讨论的问题。

二、从权力—利益关系到话语建构：现实建构主义的理论视角

在我国的对外传播研究中，基于国际新闻议题的案例研究的研究成果已相当丰富，而理论性的探讨相对薄弱。本文则尝试引入国际关系研究中新兴的"现实建构主义"（realist constructivism）作为本体性的理论视角，并结合话语研究的方法论进行分析。

---

① 沈国麟，王倩.利益冲突和观念落差："中菲南海冲突"的对外传播话语结构及其"二次传播"效果［J］.国际新闻界，2014，36（12）：6-20.
② 周洋.中菲媒体在黄岩岛争端中的"评论框架"分析［J］.新闻与传播研究，2013，20（3）：33-49，126.
③ 程曼丽.如何提高我国媒体的国际传播力——亦此亦彼辩证眼光的培养［J］.新闻与写作，2010（5）：68-69.
④ 黄廓，姜飞.国际主流媒体发展战略研究及其对中国国际传播的启示［J］.现代传播（中国传媒大学学报），2013，35（2）：45-51.
⑤ 李从军.媒体的社会责任和公益使命——在世界媒体峰会上的发言［J］.中国记者，2009（11）：6-7.

所谓"现实建构主义",是国际关系研究中"现实主义"与"建构主义"两种理论逻辑融合的产物。作为国际关系领域中的主导范式,持现实主义理论的学者认为,国家间关系的实质是一种特殊的权力关系,各国在对外目标上必然追求和维护自身的利益。因此,权力与利益是影响对外政策的核心因素,其在决策过程中的重要性超过道义和理想的重要性。

自 20 世纪 80 年代以来,建构主义成为国际关系领域的新思潮,该理论更注重国际关系中所存在的社会规范结构而不仅仅是经济物质结构,强调观念、规范和文化在国家行为及利益形成过程中起相当重要的建构性作用。进入 21 世纪以来,"现实主义"与"建构主义"两大范式出现了合流的趋势,研究者发现二者在本体论和认识论上存在许多兼容互补之处,进而提出了"现实建构主义"的新主张[1]。它有两个核心假设:第一,国际政治是社会建构的产物;第二,国际政治无法超越权力政治。因而,现实建构主义的核心问题是探讨权力的多种形式及其在建构国际政治中的不同作用[2]。作为一种理论创新的努力,现实建构主义丰富了国际关系研究的理论框架,也为国际关系的实践提供了富有洞见的启发[3]。

在国际传播研究领域,长期以来,传播学者不太关心国际关系领域的理论进展,也较少吸收国际关系的理论框架为己所用。然而,国际关系领域的理论视角对于理解国际传播现象具有本体性层面的重要价值。例如,在国家形象的传播研究中,以往大多数研究是从现实主义的策略层面进行探讨,而近年来,一些学者引入建构主义的国际关系理论视角,将国家形象定义为国家在国际社会中通过交往互动而被对象国赋予的一种身份表达,由此开辟了国家形象传播研究的新思路[4]。沿着这一思路,我们可以将筹建亚投行议题的媒介传播理解为国家形象建构的一个重要事件,其既反映了国家之间的现实利益与权力关系,又在话语建构中折射出不同国家主体的身份认同与象征互动关系。

现实建构主义的理论视角在国际传播研究中的应用具有天然优势,因为媒体历来

---

[1] BARKIN J S. Realist constructivism [J]. International studies review, 2003, 5 (3): 325-342. BARKIN J S. Realist constructivism: rethinking international relations theory [M]. Cambridge: Cambridge University Press, 2010.
[2] 焦兵. 现实建构主义:国际政治的权力建构 [J]. 世界经济与政治, 2008 (4): 3, 24-32.
[3] 高奇琦. 现实主义与建构主义的合流及其发展展望 [J]. 世界经济与政治, 2014 (3): 87-110, 158-159.
[4] 李智. 中国国家形象:全球传播时代建构主义的解读 [M]. 北京:新华出版社, 2011.

在国际政治议题的传播中扮演引人瞩目的建构性角色①，国际新闻所呈现的世界亦是经由国际媒体的中介化而建构的世界②。与此相应，传播研究中关于媒介话语建构的研究思路也可应用于国际传播领域。例如，李金铨等学者曾采用建构主义的话语分析方法，探讨美国精英媒体关于对华政策的论述③，以及国际媒体对于全球媒介事件（香港回归）的多维话语呈现④。这些研究将话语分析的方法应用于国际新闻议题建构的探究，剖析了媒介在国际舆论场中的象征权力的运作，在一定程度上正呼应了现实建构主义关于国际政治的话语建构的观点。此外，国际媒体的话语建构也受到现实权力关系的制约。帕米拉·J. 休梅克（Pamela J. Shoemaker）和斯蒂芬·D. 瑞斯（Stephen D. Reese）的媒体内容等级影响理论认为：任何制度下的媒体报道都受到不同层面因素的制约与影响，包括媒体从业人员特性、媒体日常运作机制、媒体组织机构、社会机构与社会力量及社会意识形态⑤。这个思路对于理解国际新闻的话语以及本文的具体分析都具有重要的参照意义。

三、研究方法

在具体研究中，本文将采取框架分析作为媒介话语研究的操作策略。

社会学家欧文·戈夫曼（Erving Goffman）在《框架分析》一书中，最早将"框架"定义为人们用来感知和解释社会经验的一种结构，"能够使它的使用者定位、感知、确定和标签那些看似无穷多的具体事实"⑥。在传播学研究的视野下，框架分析至少涉及三个研究领域：①从新闻生产的角度来研究媒体框架如何被建构；②从内容研究的角度来考察媒体框架是什么；③从效果研究的角度来分析受众如何接受和处理媒介信息，即受众框架⑦。

---

① COHEN B C. The press and foreign policy [M]. Princeton, NJ: Princeton University Press, 1963. CHANG T K. The press and China policy: the illusion of Sino-American relations, 1950-1984 [M]. Norwood, New Jersey: Ablex Publishing Corporation, 1993.
② VAN GINNEKEN J. Understanding global news: a critical introduction [M]. London: Sage, 1998.
③ LEE C C. Established pluralism: U.S. elite media discourse about China policy [J]. Journalism studies, 2002, 3 (3): 383-397.
④ LEE C C, CHAN J M, PAN Z, et al. Global media spectacle [M]. Albany, NY: State University of New York Press, 2002.
⑤ SHOEMAKER P J, REESE S D. Mediating the message: theories of influences on mass media content [M]. New York: Longman, 1991.
⑥ GOFFMAN E. Frame analysis: an essay on the organization of experience [M]. Cambridge, Mass: Harvard University Press, 1974: 21.
⑦ 陈阳. 框架分析：一个亟待澄清的理论概念 [J]. 国际新闻界, 2007 (4): 19-23.

本研究主要从内容分析的角度进行媒体框架的研究，借鉴了社会学家威廉·A.甘姆森（William A. Gamson）的研究方法。甘姆森把媒体框架定义为"有组织的中心观点或者故事线索，为一系列的事件提供意义"[1]。甘姆森认为，媒体的报道文本可以分解成一个个的话语包，每个话语包都有一个标识，反映了话语包的核心框架以及话语包在简略的表达方式中所处的位置。标识又可进一步区分为两种装置，即框架装置（framing device）和推理装置（reasoning device）。框架装置包括标签、隐喻、范例、关键短语、描述和视觉图像；推理装置包括根源、结果和体现的原则[2]。

沿着这一思路，本研究通过对不同媒体关于亚投行的报道的反复研读，提炼出具有代表性的话语包，其中对框架装置的分析包括描述、例证与关键词；对推理装置的分析则从问题提出、论证过程与问题结论三个方面切入，来考察不同媒体关于亚投行报道的话语结构。此外需要说明的是，在媒体框架研究中，不少研究者采用罗伯特·M.恩特曼（Robert M. Entman）的"界定问题""解释原因""道德判断""对策建议"的框架分类方法进行操作[3]。本研究因考虑到完全根据此方法有先入为主之嫌，所以将问题进行了简化。故此，本文参考了扎根理论方法论的思路[4]，不预设任何既定的框架，而是从原有文本出发进行编码和提炼，从而总结出其中的报道框架。

在数据收集方面，本研究选取从2015年3月12日至4月15日的《中国日报》（*China Daily*）、《纽约时报》（*The New York Times*）和英国广播公司（BBC）关于亚投行的英文报道作为分析对象。从时间段来看，2015年3月12日，英国申请加入亚投行，这成为一个重要的时间节点。此后，各西方大国纷纷提交申请，至4月15日亚投行意向创始成员国全部确定。从媒体对象来看，《中国日报》是我国第一份全国性英文报纸，亦是我国唯一一份进入西方主流社会的英文报纸，因而可以作为中国对外传播的媒体样本；《纽约时报》是美国高级报纸的代表，长期以来在社会各界和国际上拥有良好的公信力和权威性；英国广播公司是英国最大的新闻广播机构，在世界范围具有广泛的影响力。本研究通过在上述三家媒体的网站内用"Asian Infrastructure Investment Bank"进行搜索，于《中国日报》获得有效样本131篇，于《纽约时报》获得有效样本86篇，

---

[1] CAMSON W A, MODIGLIANI A. The changing culture of affirmative action [M] //BRAUNGART R.Research in political sociology Vol 3. Connecticut：Jai Press，Inc，1987：137-177.

[2] GAMSON W A. The political culture of Arab-Israeli conflict [J]. Conflict management and peace science，1981，5（2）：79-13.

[3] ENTMAN R M. Framing：towards clarification of a fractured paradigm [J]. Journal of communication，1993，41（4）：6-27.

[4] CHARMAZ K. Constructing grounded theory：a practical guide through qualitative analysis [M]. London：Sage，2006.

于英国广播公司获得有效样本12篇,这些样本构成了本研究数据分析的语料库。

四、研究发现

(一)《中国日报》在亚投行议题中的话语建构

按照上述研究方法,本文选取三家媒体共229篇与亚投行相关的新闻报道进行编码,提炼出五个话语框架,分别是:"申请过程""美国同盟的态度""中国台湾问题""亚投行与其他组织的关系""中美对话"(见表1)。下面首先从五个话语包的角度分述《中国日报》的报道框架。

表1 《中国日报》关于亚投行报道的话语框架

	描述	例证	关键词	问题提出	论述过程	结论
申请过程	报道不同国家申请的事实及过程;亚投行的基本情况;截止日期;筹建过程,以及创始国与成员国的权利区别	亚投行意向创始成员国增至57个;亚投行预计将会在今年底成立;亚投行创始成员国具有投票权,而一般成员国不具有	申请;加入;赞成;欢迎;创始国;中国主导	亚投行进展和各成员国加入情况;各国加入亚投行的原因;亚投行存在的意义	引用各国官方发言,路透社、新华社、《金融时报》等媒体信源,以及各国各领域专家的看法来论证问题	57个国家申请加入亚投行;亚投行有利于推动亚洲繁荣,维持更加平衡的国际经济秩序,也是中国对世界的承诺和责任
美国同盟的态度	美国重要盟友是否申请加入及其看待亚投行的态度	英国成为第一个申请加入亚投行的欧洲国家;日本前期表示对亚投行的质疑,而后表示将在未来加入亚投行	压力;跟随美国;历史性转折;中国主导;抗争	日本、澳大利亚、韩国、英国以及欧洲国家的态度	多引用各国专家意见、当地媒体信源等表明美国主要盟国关于亚投行的态度	美国主要盟国在美国的压力之下转变之前对亚投行的态度,纷纷申请加入亚投行
中国台湾问题	大陆欢迎台湾以一个合适的名称加入亚投行	国台办发言人马晓光表示收到台湾的申请书并转到亚投行临时秘书处,外交部长王毅表示台湾应以合适的名称加入亚投行	想加入;欢迎;合适名称	台湾是否加入亚投行	引用大陆和台湾的官方发言回应	台湾有意愿加入亚投行,大陆欢迎台湾以一个合适的名称加入亚投行。中国尊重其他创始成员国的意见

续表

	描述	例证	关键词	问题提出	论述过程	结论
亚投行与其他组织的关系	亚投行将作为现有国际经济体系（世界银行、亚洲开发银行、国际货币基金组织）的补充	亚投行将与这些机构合作，资助亚洲的基础设施建设，弥补资金缺口，而不是作为现有经济体系的竞争对手	补充；主动性；合作；竞争	亚投行与其他经济体系的关系	引用世界银行、亚洲开发银行和国际货币基金组织负责人和中国官方发言进行论证	亚投行将作为现有国际经济体系的补充，与其合作而非竞争
中美对话	中美双方针对亚投行的存在意义、合理性等进行对话，包括美国对亚投行创立目的的质疑、中方对质疑的回应及美国的态度转变过程	美国质疑亚投行的运行规则和透明度问题，中方后期用亚投行初步运作规则、其同盟国的行为回应美国质疑。对亚投行转变态度，希望寻求与亚投行的合作	态度转变；软化立场；期待；反对尖锐批评；孤立；愚蠢	美国对亚投行的态度（偏见、质疑），以及中方对美国态度的回应	引用美国官方、媒介和专家意见论证美方对亚投行的态度，中方则引用官方回应和专家意见来回应美国态度	美国对亚投行的态度为：质疑—软化态度—态度转变—寻求合作。中方对美国态度的回应为：反驳—让事实说话—同意合作

1. 申请过程

不同国家申请加入亚投行的进展是报道的基本出发点，报道高频率地呈现了不同国家加入亚投行的事实和原因。《中国日报》的报道往往直接引用各个申请加入方的财政部、外交部官员在公共场合的发言或者声明，并且在报道过程中，不同的时间段强调不同的报道事实，有意识地建构新闻议题。

在亚投行创始成员国申请加入截止日期之前，《中国日报》的报道注重告知重点国家的加入状况（如 3 月 17 日的 *France, Germany and Italy to join China-backed bank*），以及亚投行的基本情况介绍和申请截止日期。申请动态与亚投行情况介绍形成固定报道框架，实质上是传达中国在亚投行筹备过程中具有主导权。截止日期之后，报道除了强调申请加入国家和地区的数量，还将重点放在了亚投行自身情况的介绍上。同时，报道不断重复这样一段话来强化受众对亚投行的认知："亚投行是一个致力于给亚洲基础设施建设提供金融支持的国际金融机构，预计将在今年底成立。"通过对同一报道话语和框架的不断重复推进，《中国日报》成功地建构了中国在亚投行筹建过程中的主体形象以及其他国家与中国在亚投行议题上的良性互动。

2. 美国同盟的态度

美国重要盟友英国、法国、澳大利亚、韩国纷纷申请加入亚投行。英国成为第一个申请加入亚投行的欧洲国家；澳大利亚和韩国不顾美国施压，紧跟英国加入亚投行；数个西欧国家（卢森堡、芬兰、德国、法国、意大利等）更是顶住美国的压力申请加入亚投行。报道还阐述了美国盟友不顾美国反对加入亚投行的原因：一是为了自身国家利益；二是为了帮助亚投行制定更加完备的管理运作标准和提高亚投行监督体系的透明度（*European appeal*，4月3日）。

其中，日本态度的微妙变化是《中国日报》异于《纽约时报》和英国广播公司报道的重点：日本前期对亚投行表示质疑（*Japan says not to join AIIB by deadline*，3月11日），而后转变态度表示将在未来加入亚投行（*China and Japan likely to discuss AIIB in June: report*，4月8日）。对于一般申请加入亚投行的国家，《中国日报》更加青睐于将详细报道聚焦于美国的盟友，塑造英、德、韩、澳等申请加入时不畏美国强权（"against""struggling"）的"英雄"形象；而在报道同为美国盟友的日本在此议题上的"举棋不定"时，《中国日报》则多引用日本经济金融界对亚投行的支持以及对日本政府态度的批评重构媒介上的日本形象（*Japan should join AIIB at an early date*，4月10日）。

从信源来看，《中国日报》除了引用上述国家的官方发言，跟进报道这些国家关于亚投行的态度，还大量引用上述国家的当地媒体（英国《金融时报》、日本共同通信社、日本《每日新闻》、韩国联合通讯社、澳大利亚《悉尼先驱晨报》）和新华通讯社的报道呈现美国对这些国家施加压力的事实。与此同时，报道引用了除中国外其他国家的专家意见，如芬兰《赫尔辛基报》专栏作家安妮·拉西拉关于美国对盟友施加压力行为的影响分析（3月31日）、美国前国务卿马德林·科贝乐·奥尔布赖特（Madeleine Korbel Albright）认为美国在亚投行事件中"失算"（4月8日）、日本前驻华大使丹羽宇一郎认为日本政府应该积极加入亚投行，称亚投行值得接受"deserved acceptable"（3月31日）等。《中国日报》引用第三方信源所建构而成的话语，让美国的形象与其盟国的形象形成鲜明对比。

3. 中国台湾问题

《中国日报》针对"中国台湾问题"的报道比重为三家媒体最低，仅为5.74%，而《纽约时报》和英国广播公司分别达8.74%和16.67%。《中国日报》关于亚投行中的中国台湾的议题始终保持同一报道框架：大陆欢迎台湾以一个合适的名称加入亚投行，中国尊重其他创始成员国的意见（如 *Beijing says Taiwan is welcome to join AIIB, with "appropriate name"*，4月2日）。在此框架中，报道多援引国务院台湾事务办公室发言人马晓光的发言，表明大陆对于台湾申请加入的态度，同时少量引用台湾"财政部"方面表明"有兴趣加入"的发言进行论证。可见，中国在台湾问题上，《中国日报》的框架与国际社会始终坚持"一个中国"的原则保持高度一致。

4. 亚投行与其他组织的关系

《中国日报》报道将亚投行定性为对现有的国际经济体系的补充。4月3日的报道（*IMF, ADB give backing to China-led bank*）用大约四分之三的篇幅论证目前亚洲基础设施建设需求不断上升，从2010年到2020年，亚洲开发银行的资金缺口已经达到80亿美元，亚投行的成立就是为弥补此资金缺口，确保亚洲地区的繁荣发展，而不是成为现有国际经济体系的竞争对手。

从信源来看，《中国日报》引用或改述了世界银行、国际货币基金组织和亚洲开发银行负责人的发言来表明观点，跟亚洲经济发展紧密相关的三大国际经济体组织均表示支持亚投行的成立，并希望与亚投行合作一起改善世界贫困和亚洲经济发展问题（*IMF, ADB give backing to China-led bank*；4月3日）。国际传播的主体具有多元性，不仅包括主权国家，而且包括国际货币基金组织这一类的跨国组织，而目前的国际金融组织已经形成既定的利益格局，中国所筹建的亚投行作为现有格局的打破者，其如何为自己定性显得尤为重要。《中国日报》准确传达了其作为"补充者"，希望与现有国际金融组织"合作"，"改善"世界贫困，"助力"亚洲经济发展的主张，避免了不同话语主体背后的权力冲突。同时，《中国日报》在报道中直接转述三大国际经济体组织的官方表态。

5. 中美对话

美国质疑亚投行是"布雷顿森林体系"的卷土重来，《中国日报》多篇报道回应这些质疑是背离事实、毫无根据的，并以各国对亚投行的积极响应的报道回应美国（*Accusations against China's new intraregional initiatives groundless*，4月2日）。美国认为亚投行是中国削弱美国在银行体系影响力的策略，并质疑亚投行的运行规则和透明度问题，挑战中方权威，《中国日报》的报道则多用亚投行筹备的进展、已经制定出的初步运作规则以及申请加入国对亚投行的信心和支持来回应（*China does not seek dominant role in AIIB*，3月26日）。之后，美国开始软化其对亚投行的态度，称美国在亚投行中失算，希望寻求与亚投行的合作，但美国不会成为成员国（*US "miscalculated" on AIIB: Albright*，4月1日）。在中美对话的过程中，中方的报道纵向把握了美国态度由质疑、偏见到软化，再到接受、寻求合作的转变。

（二）英国广播公司与《纽约时报》在亚投行议题中的话语建构

下面，我们采取同样的研究方法，对英国广播公司与《纽约时报》关于亚投行议题的报道进行分析，分别梳理出二者在五个话语框架中的呈现方式（见表2和表3）。为避免内容重复冗长，我们仅突出英国广播公司与《纽约时报》的报道与《中国日报》的关联与差别之处。

表2 英国广播公司关于亚投行报道的话语框架

	描述	例证	关键词	问题提出	论证过程	问题结论
申请过程	亚投行申请日程及作用	英国、法国、德国、中国台湾、挪威等纷纷申请加入	软实力；竞争；北京主导	美国面对申请热潮态度如何	通过采访及官方发言论证	美国公开谴责英国；英国表示加入亚投行是基于英国本国利益
美国同盟的态度	英国、澳大利亚、韩国等纷纷顶住美国压力加入亚投行	时任英国首相卡梅伦表示，英国是申请加入亚投行的第一个"西方大国"，是基于国家利益的选择，已经和美国协商过	英国第一个加入；协商；质疑	英国加入亚投行后，英美两国的反应如何	英美双方官方发言	时任英国首相卡梅伦的发言人表示，英财政大臣之前已和美国谈及相关举措
中国台湾问题	台湾因名称问题申请加入亚投行被拒	大陆新闻发言人表示台湾申请加入亚投行需要尊重一个中国原则	一个中国	大陆为什么不接受台湾申请？台湾的反应如何	直接引用大陆新闻发言人和台湾方面发言人的发言	国台办发言人表示欢迎台湾以合适名称加入
亚投行与其他组织的关系	亚投行与现有其他金融组织相辅相成	IMF克里斯蒂娜·拉加德（Christine Lagarde）女士表示，世界银行将与亚投行合作。亚洲开发银行长表示，亚投行与亚洲开发银行应相辅相成，而非竞争对手	高兴；共同合作	亚投行与其他国际金融组织关系如何	其他国际经济组织领导者的官方发言	亚投行与其他世界经济组织有合作空间

· 44 ·

续表

	描述	例证	关键词	问题提出	论证过程	问题结论
中美对话	美国质疑亚投行与其他组织的关系、监管标准和透明度；中国媒体强烈回应	美国将中国的努力视为削弱美国在银行体系影响力的策略，美国劝说澳大利亚、韩国和日本与亚投行保持距离，并对亚投行运作的透明性和监督体制表示忧虑。中国媒体批评美国给其他国家施压	中国主导；批评；阻碍	美国如何质疑亚投行？中国又如何回应美国的质疑	引用中国媒体的报道，以及美国官方（如白宫、财务部）的发言	中国欢迎更多国家加入亚投行，同时谴责美国对亚投行的威胁论；白宫认为世界上的各个组织都应该遵守同一的规则

如表2所示，在同样五个话语包下，英国广播公司在"申请过程"和"亚投行与其他组织的关系"两个话语包中大致与《中国日报》呈现相似的内容，分别是不同国家和地区顶着美国压力加入亚投行和亚投行是现行经济体系的补充，而在"美国同盟的态度""中国台湾问题""中美对话"方面，英国广播公司的着笔则略有不同。在"美国同盟的态度"中，英国广播公司的报道直指美国对英国、法国等国家施加压力。在英国加入亚投行之后，报道着重于英国是第一个加入亚投行的"西方大国"，并引述戴维·威廉·唐纳德·卡梅伦（David William Donald Cameron）的发言："英国申请加入亚投行是基于国家利益的选择，已和美国协商过。"在"中国台湾问题"上，英国广播公司援引中方发言，承认台湾为中国领土，但也发表台湾当局更多的细节报道。在"中美对话"中，英国广播公司摆出中美两国的态度，表明美国官方对亚投行的质疑以及中方媒体对美国的批判，体现了两者的观点存在争议，但并没有做过多评论。

表3 《纽约时报》关于亚投行报道的话语框架

	描述	例证	关键词	问题提出	论证过程	问题结论
申请过程	不同国家加入亚投行；亚投行将对已有国际金融组织及美国形成挑战	英国、德国、法国、澳大利亚、巴西、挪威、丹麦等申请成为亚投行的创始成员国。至截止日期，57个国家申请加入亚投行	创始成员国；参与；协议；投票权	世界各国对于亚投行的态度如何	引用不同国家官方发言和美国政府的表态	57个国家选择加入亚投行，其中不乏美国盟友；亚投行对已有的国际金融组织是一个挑战，削弱了美国在太平洋地区的影响力

续表

	描述	例证	关键词	问题提出	论证过程	问题结论
美国同盟的态度	美国同盟国不顾美国的态度相继加入亚投行	3月12日，英国申请加入亚投行；3月17日，法国和德国申请加入亚投行；3月26日，韩国申请加入亚投行	地区性竞争；中国主导；创始国	为何同盟国不顾美国的反对，纷纷加入亚投行？美国态度如何	引用专家分析和各国官方的发言	同盟国出于国家利益考虑加入亚投行，美国虽然表示尊重，但是发出"三思而后行"的建议并表示对亚投行运作规则的质疑
中国台湾问题	中国台湾因"名称不合适"被拒绝。报道台湾与大陆的历史关系和现状，以及其在国际舞台上的尴尬地位，且用较多篇幅介绍了大陆与台湾地区（含台湾内部）的党派纷争	台湾"总统府"发言人说加入亚投行将有助于台湾的区域经济一体化，增加加盟其他跨国机构的可能性。台湾被大陆视为一个"叛逃"的省份，不排除武力统一的可能。亚投行被看作一个显著遏制美国努力在亚太地区扩大其影响力和平衡中国日益增强的金融影响力和国家自信的经济机构	合适；马英九；岛内；China；Chinese Taipei	台湾对于亚投行的态度如何？主权问题在经济利益上如何凸显	外交发言人的公开发言	台湾积极寻求机会加入亚投行，由于名称问题被拒之后仍希望加入。目前台湾在国际金融组织中没有合法的地位
亚投行与其他组织的关系	其他国际金融组织领导人纷纷表示欢迎与亚投行展开合作，美日对此表示担忧	3月18日，美国国会否决了国际货币基金组织的改革法案，称在亚投行成立的背景下该改革会限制美国的影响力；3月22日，国际货币基金组织、亚洲开发银行称乐意与亚投行合作	重建；发展；高水准管理	亚投行的成立给世界其他经济组织带来了哪些影响	直接引用其他国际金融组织的公开表态以及美、日、中官方表态	各组织领导人分别表明愿与亚投行合作。美日认为亚投行是对现有组织的威胁。中方言论称亚投行与其他已有金融组织是合作互补而非竞争关系

续表

	描述	例证	关键词	问题提出	论证过程	问题结论
中美对话	美国认为中国借机挑战其在金融体系中的地位,并质疑亚投行的运作。中国回应美国的质疑,并欢迎美国加入	美国认为亚投行是中国削弱美国在银行体系影响力的策略,认为亚投行的出现会削弱世界银行的贷款标准;中国重申亚投行的规则制定是多国参与的,是开放的;新华社发表言论回应美国的质疑,直接抨击美国的"酸葡萄"心理	失败者;劳工权利;财政透明度	美国如何看待亚投行?中国如何回应	引用中美两国直接相关部门的官方发言重现双方回应的过程	美国始终保持对亚投行的动机、运作和监督的质疑,并劝告盟国"三思而后行";中国通过不断重申亚投行规则进行回应,并欢迎美国加入

如表3所示,在《纽约时报》的报道中,五个话语框架不但呈现了亚投行本身的新闻议题,而且大量报道美国在亚投行筹备创立过程中的立场和行为。"申请过程"的话语包,报道了其他国家加入亚投行的事实,但也强调美国对申请热潮的担忧和立场;在"美国同盟的态度"中表明美国对同盟国"三思而后行"的"劝告";在"中国台湾问题"中,大篇幅讲述大陆与台湾的现状、历史纠纷,并不局限于亚投行筹备过程中大陆与台湾的互动过程;在"亚投行与其他组织的关系"中,直接呈现了美国对亚投行"挑战"已有经济格局的不满和担忧;在"中美对话"中,更为直接地体现出美国政府对亚投行运作、监督的质疑,但也援引了中国官方对此质疑的回应。

(三)英国广播公司、《纽约时报》和《中国日报》的报道框架比较

至此,我们已经分别分析了《中国日报》、英国广播公司和《纽约时报》关于亚投行议题的报道框架。从数量来看,其报道框架的分布如表4所示。可以发现:《中国日报》和英国广播公司中"申请过程"的报道框架所占比重最大,《纽约时报》中"美国同盟的态度"的报道框架占比最大;《中国日报》和英国广播公司在不同议题关注度的排序上基本一致,但《纽约时报》则完全不同。

框架占比的安排反映了不同媒体对该议题的关注程度,从更深层次来讲则是媒体背后国家利益与意识形态的体现。《纽约时报》对"美国同盟的态度"表现出最高的关注度,而淡化对"申请过程"的处理,这与美国政府对加入亚投行的欧美国家施压的现实状况不无关系。相反,英国广播公司和《中国日报》的框架体现了国家利益的相

似性,特别在英国加入亚投行后,英国广播公司对亚投行的申请过程与《中国日报》的描述基本一致。对于三者的互动关系,我们可作进一步的讨论。

表4 《中国日报》《纽约时报》和英国广播公司的亚投行报道框架分布

单位:%

	《中国日报》	《纽约时报》	英国广播公司
申请过程	51.15	27.71	33.33
美国同盟的态度	20.61	32.53	20.83
亚投行与其他组织的关系	5.34	16.87	12.50
中国台湾问题	4.58	8.43	16.67
中美对话	18.32	14.46	16.67

1. 利益耦合时的框架共鸣

从现实建构主义的立场来看,媒介信息的跨国传播与国家利益密切相关,因而带有明显的政治倾向和意识形态色彩。由此可推,在国际舆论场中,国家间的利益耦合会导致带有国家意识形态的国际媒体出现暂时的"框架共鸣"。在此次亚投行议题中,英国广播公司和《中国日报》在"申请过程"和"中国台湾问题"中呈现出相同的话语框架。

在"申请过程"的话语包中,英国广播公司出现了4次关于亚投行自身情况介绍的叙事框架,且前后期出现了微妙的变化。在前期的新闻报道(3月12—22日)中,英国广播公司对于亚投行的描述与《纽约时报》的框架基本一致,将亚投行与其他国际金融组织比较,如"亚投行的资金仅为世界银行的1/5,而且低于亚洲开发银行"(3月13日),"亚投行以具有与世界银行类似功能的开发银行形象出现"(3月22日)。在后期(3月25日、3月31日),英国广播公司针对亚投行自身情况的报道与《中国日报》产生共鸣:英国广播公司报道更加注重亚投行自身体现的价值,呈现出"倡导性"的语言特征,如"亚投行将解决亚洲在基础设施方面增长的需要"(3月25日),"目前已有40个国家加入,将在4月15日确立最终名单"(3月31日)。在"申请过程"中,英国广播公司对于亚投行的关注点转变与英国在国际政治事务中的国家利益息息相关;同时,从我国对外传播的角度来看,《中国日报》与英国广播公司的报道框架产生共鸣,这是我国对外传播中一次值得肯定的实践。

在"中国台湾问题"的话语包中,大陆媒体对台湾问题讳莫如深,但这个话题是国际媒体关注的焦点。其中英国广播公司报道比例较高,其立场和报道框架与《中国日报》相似度甚高。英国广播公司在报道中表明,中国台湾由于没有合适的名称加入亚投行而被拒绝。英国广播公司两次引用国台办新闻发言人公开发言称"台湾申请加入亚投行需遵循一个中国原则"(3月31日),"大陆欢迎台湾以合适的名称申请加入亚投行"(4月13日)。在这一话语包中,英国广播公司和《中国日报》的报道框架相似,不可否认国际政治对此的影响,同时表明中国在此次议题构建上清晰地将中国的话语框架向国际媒体表达出来。

2. 话语争夺中的框架冲突

在亚投行议题的报道中,《纽约时报》和《中国日报》出现明显的框架冲突:在共同议题的讨论上,两家媒体的回应没有得到对方的引用,共同议题出现了不同的叙事框架。这一现象在"中国台湾问题""亚投行与其他组织的关系"和"中美对话"的话语包中尤为明显。

在"中国台湾问题"的话语包中,《纽约时报》与《中国日报》的框架冲突最为突出。《纽约时报》最早在3月26日的报道中提及台湾,称台湾有兴趣加入亚投行却一直未受到邀请,报道转述马英九言论称不能被动等待,应该主动积极地参与。《纽约时报》在解释大陆和台湾关系时,称大陆认为台湾是一个"叛逃"(renegade)的省份,大陆一直尚未排除使用武力获得两岸统一的可能,若台湾宣布主权,大陆拒绝承认其在任何国际组织的合法身份。多篇报道反复提及,包括美国在内的很多国家并不了解中国台湾的状况,台湾并不是联合国、世界银行和国际货币基金组织的成员,1986年大陆成功地在亚洲开发银行中将台湾的名称由"中华台北"(Chinese Taipei)改成了"台北,中国"(Taipei China)。《纽约时报》的报道信源部分来自香港媒体,多次间接援引台湾政要的公开发言,是否加入亚投行甚至引发台湾民主党派的辩论。《纽约时报》对中国台湾问题的历史做了较多篇幅的梳理,将两岸现状归因于1949年内战两岸遗留的主权问题。

在"亚投行与其他组织的关系"的话语包中,亚投行一度被舆论认为是中国主导的挑战世界银行、国际货币基金组织、亚洲开发银行的组织。在《纽约时报》的报道框架中,成立亚投行就被视为中国提升其全球影响力的重要战略。报道多次引用不明来源的竞争威胁说(It has been seen a challenge to),将亚投行视为对现存金融组织构成挑战(challenge)的组织。

在"中美对话"的话语包中,《纽约时报》反复报道美国政府对亚投行"管理标准"

与"环境和社会保障"的忧虑。在议题发展的第一阶段,《纽约时报》在不同国家申请加入的事实性报道中,都会提及亚投行是中国主动传播"软实力"的表现(Switzerland to Take Part in Founding of AIIB Bank,3月20日),并多次转述美国政府的忧虑。对于中方的回应,时任亚投行多边临时秘书处秘书长金立群对其中回应的"结构精简"(lean)、"廉洁"(clean)和"绿色"(green)等却提及较少。

3. 舆论困境中的沉默框架

在国际舆论场中,国际媒体作为一国对外传播的途径,其报道框架亦非一成不变。在本研究中,英国广播公司的报道框架便随着亚投行议题的发展而发生改变。在亚投行项目中,英国受制于中国与美国,处于两难境地。在这般政治形势下,英国广播公司的报道框架呈现出灵活的动静态结合。上文已阐释英国广播公司在亚投行自身情况介绍的叙事框架中呈现出前后期的转变。在中美关于亚投行管理标准和透明度等问题的对话中,英国广播公司竟也有趣地出现"沉默的框架",即仅引用他者的信源,本身却不进行任何立场的表态。

英国广播公司的新闻报道既有大篇幅引用美国对中国的质疑,如"美国将中国的努力视为削弱美国在国际银行体系影响力的策略,美国说服澳大利亚、韩国和日本与亚投行保持距离,也对亚投行运作的透明性和监督体制表示忧虑"(3月13日),又用一篇报道《中国媒体:亚洲银行》(China Media: Asian Bank)总结中国媒体对美国质疑的回应:中国媒体批评美国给其他国家施压。《中国日报》和《环球时报》表明中国不理会美国提出的亚投行削弱美国对全球银行体系的影响的说法。至于英国和英国广播公司本身的立场则讳莫如深。在国际舆论的困境中,沉默框架的出现不失为英国广播公司明智的应对。

五、结论与讨论

冷战结束以来,传播全球化逐渐成为国际传播的主流话语,而传播主体的多元化建构成为国际传播的发展趋势。尽管对于中国等发展中国家而言,"媒介帝国主义"的叙事框架仍是一套具有说服力的批评话语,但解释当下丰富多样的国际传播现象时,我们有必要探索一种更具包容性和解释力的思考框架。在对外传播的实践中,面对西方主导的国际舆论格局,这一局势亦存在颠覆、变化的可能。原先的边缘国不仅是被动地抵抗,还可随着权力关系的变化而主动地设置议题,挑战现有的话语格局。亚投行议题的建构过程，正是中国对外传播主体意识觉醒并产生国际影响的体现。

从中国对外传播的话语框架来看，《中国日报》在亚投行议题的话语包中根据国家利益需求强调不同的报道重点；在"申请过程"话语包中根据亚投行在筹建的不同阶段之重点，介绍代表性国家加入情况、亚投行申请截止日期及亚投行自身情况；在"美国同盟的态度"话语包中，重点关注日本态度的转变及英国加入的意义；在"中国台湾问题"话语包中采取统一简化的框架；在"亚投行与其他组织的关系"话语包中强调亚投行与其他世界组织相辅相成；在"中美对话"话语包中刻画美国态度由质疑、偏见到软化，再到接受、支持、寻求合作的转变。

在国际传播中，从不同国家及其媒体话语的互动关系来看，英国广播公司与《纽约时报》关于亚投行的话语框架出现明显差异。英国广播公司在敏感的"中国台湾问题"话语包中，与《中国日报》出现框架共鸣，表示中国台湾是中国领土的一部分；虽然在"申请过程"话语包中出现过微妙的框架变化，但最终与《中国日报》框架一致，反复出现肯定亚投行价值的叙事框架；在"中美对话"话语包中，英国广播公司则呈现沉默状态。《纽约时报》则与《中国日报》出现明显的框架冲突，特别是在"中国台湾问题"上，《纽约时报》较大篇幅地报道了大陆与台湾的历史问题，多元展现了台湾民众的示威及台湾党派内部反对意见；在"中美对话"话语包中则一如既往地表示对亚投行管理标准和透明度等问题的质疑。

总而言之，在亚投行议题上，中国在国际传播中的"主体构建"上踏出了重要的一步，即从中国的视角出发，以传播中国的主体意识为核心，构建世界传媒新秩序。基于现实建构主义的立场，我们也必须清醒地认识到，对外传播的话语建构及其效果始终植根于现实国家之间的权力与利益关系，即在国际传播实践中，任何媒介传播的过程都会触及国际政治经济格局中不同力量的利益博弈。因此，在国际传播过程中把握国家之间利益的契合点，乃至借传播实践来平衡国家间利益，才能在主体立场上维护和发展国际信息传播的新秩序。

属性议程设置视角下中外媒体对"一带一路"议题呈现的比较分析 *

2013 年，中国国家主席习近平提出建设"一带一路"的倡议，引发海内外媒体的广泛关注和讨论。随着 2017 年"一带一路"国际合作高峰论坛的召开，该倡议又一次达到热议的高潮。"一带一路"倡议关涉欧亚非大陆，覆盖全球超 64% 的人口和 30% 的 GDP，其国际传播的良好效果有助于扩大中国国际影响力、塑造中国国际友好形象。

媒体报道在"一带一路"倡议的国际传播过程中扮演着重要角色。属性议程设置理论指出：当媒体给予议题某一属性更多的关注度时，公众在决定是否支持该议题时也将参考同一属性。通过强调议题中的某个属性，媒体不仅可以告诉公众应该"想什么"，而且可以告诉公众该"怎么想"[①]。但在不同的意识形态和政治利益影响下，中外媒体对"一带一路"倡议的报道背后存在复杂的心态和认识，而且，不同的文化背景和价值取向也会对其传播效果产生影响。

本文基于属性议程设置理论，选取了中国《中国日报》（海外版）(China Daily)、英国《卫报》(The Guardian)、美国《华盛顿邮报》(The Washington Post)、印度《印度时报》(Times of India) 对 2017 年全年（2017 年 1 月 1 日至 2017 年 12 月 31 日）涉及"一带一路"倡议的报道进行内容分析，力图探究中外媒体对"一带一路"议题呈现的差异，阐明中外媒体关于"一带一路"倡议报道框架和特定属性的选择，并尝试解释造成这种差异的原因，从而进一步理解"一带一路"倡议当前在国际舆论场上的传播效果。

---

* 林鸿，林宛霖，徐桂权，等.属性议程设置视角下中外媒体对"一带一路"议题呈现的比较分析 [J].对外传播，2018（5）：8-10, 46.
① 麦库姆斯.议程设置：大众媒介与舆论 [M].2 版.郭镇之，徐培喜，译.北京：北京大学出版社，2018：60.

一、《中国日报》对"一带一路"议题的呈现

《中国日报》2017年关于"一带一路"倡议的报道共4826条。鉴于数量较多,我们故从中建立四个构造轴选取样本,最后得到有效样本100篇,其中正面、中立和负面的报道篇数分别为90、10和0。根据报道的主题对其进行分类我们发现,77篇报道与经济相关,16篇报道与政治相关,5篇报道与文化相关,2篇报道与科技相关。图1所示的主题属性分类是我们根据人工编码对词频高低进行的类别选择,在一定程度上内涵存在交叉,但在统计上没有重复。

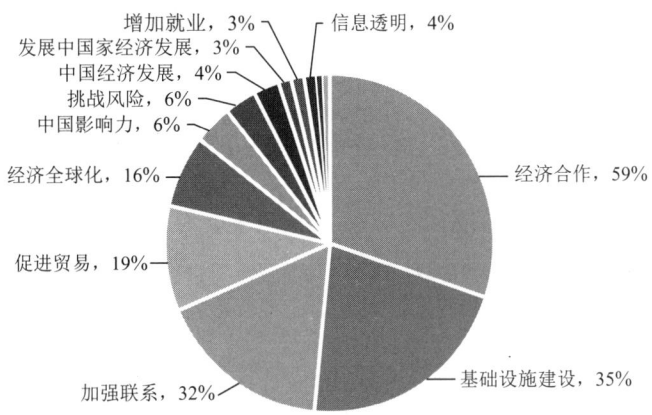

图1 《中国日报》"一带一路"报道主题属性占比排序

从内容上看,90篇正面报道能明显表现出对"一带一路"倡议的肯定和支持。对主题属性进一步细分,我们发现报道涉及经济合作、加强联系、基础设施建设方面内容居多,分别占全部报道比重的59%、32%、35%。其中,提及频率较高的是经济全球化和促进贸易,分别占全部报道比重的16%和19%。报道内容主要集中说明"一带一路"倡议的益处,具体为促进同共建"一带一路"国家的合作、利于经济发展、提供更多发展机遇等。报道中出现的高频词包括"opportunity"(机遇)、"communication"(交流)、"boost"(促进)、"benefit"(利益)、"cooperate"(合作)等。

10篇中立的报道的语气则不如正面报道强烈。其中,一些报道的内容主要是叙述和"一带一路"倡议相关的客观事实,没有明显的倾向性;另一些除介绍"一带一路"倡议的积极作用外,还提及"一带一路"倡议目前存在的挑战和风险,突出表现为共建"一带一路"国家市场面临的外汇波动、经济衰退等潜在风险、"一带一路"倡议基础设

施建设的安全问题等。其中，2篇中立报道的主题与政治相关，1篇与文化相关，其余均与经济相关。

从篇幅占比上看，有13篇报道对涉及"一带一路"的倡议仅一句话带过，其余绝大多数都对"一带一路"倡议进行了较为详尽的报道。仅个别句子提及的相关报道主要集中在经济领域，除2篇属于客观陈述没有明显倾向外，其余均为正面报道。这些报道的主题集中于两个方面：一是报道某个公司或行业业绩获得提升，发展取得进步，提到"一带一路"主要是为说明其在间接上带来的好处及起到的作用；二是报道中国与外国领导人同意深化关于"一带一路"倡议的合作，强调双赢和机遇共享。

二、国外媒体对"一带一路"议题的呈现

（一）英国《卫报》与美国《华盛顿邮报》的报道特点

在《卫报》与《华盛顿邮报》2017年的报道中，有91篇含"一带一路"关键词，正面、中立和负面的报道篇数分别为25、37和29。具体报道主题如图2所示。

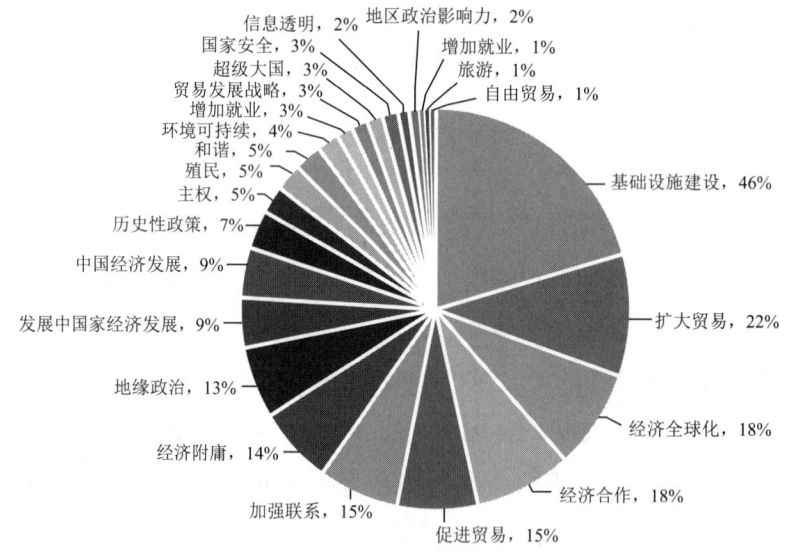

图2 《卫报》《华盛顿邮报》"一带一路"报道主题属性占比排序

从内容上看，正面报道主要集中在经济与文化领域，其主题分布的数量也较为均匀。基础设施建设、扩大贸易和经济全球化主题的报道涉及最多，"economic opportunity"（经济机遇）、"infrastructure"（基础设施）等词汇频繁出现。这部分内容

肯定"一带一路"倡议在加强欧亚经济联系、推动区域经济合作及全球经济发展中的作用；其他一些报道主要将主题重心放在了"一带一路"倡议的以下几个属性上：作为历史性政策的性质、在全球范围内的影响之深远、对国家安全的好处、对消除恐怖主义的促进作用等。

负面报道的主题相对纷繁、多元。在经济领域，突出表现在对基础设施建设潜在风险的疑虑，以及对该倡议在推动发展中国家经济增长的同时占领全球市场战略的担忧。在政治领域，报道较多的则是中国崛起成为"超级大国"的野心，如"the 'post-war Marshall reconstruction plan'"（战后马歇尔计划）、"China's regional dominance"（中国的地区统治）等词汇直指中国寻求区域霸权，认为中国将以亚洲为舞台，复制"第二次世界大战"后美国援助西欧的计划，将"一带一路"倡议当作中国谋求新霸权的标志。另外涉及较多的是地缘政治，表达对"一带一路"倡议的政治动机的怀疑。

从篇幅占比上看，简要涉及"一带一路"倡议的报道数量为53篇，超过所有报道的一半。值得一提的是，作为个别句子提及的相关报道主要是关于"一带一路"倡议的正面报道，共有17篇，占所有正面倾向报道的68%；而负面报道正好相反，将该倡议作为报道主体，全篇进行质疑和审视，这类报道占比较大。

（二）印度《印度时报》的报道特点

在《印度时报》2017年的报道中，有89篇含"一带一路"关键词，正面、中立和负面的报道篇数分别为12、44和33。具体报道主题如图3所示。

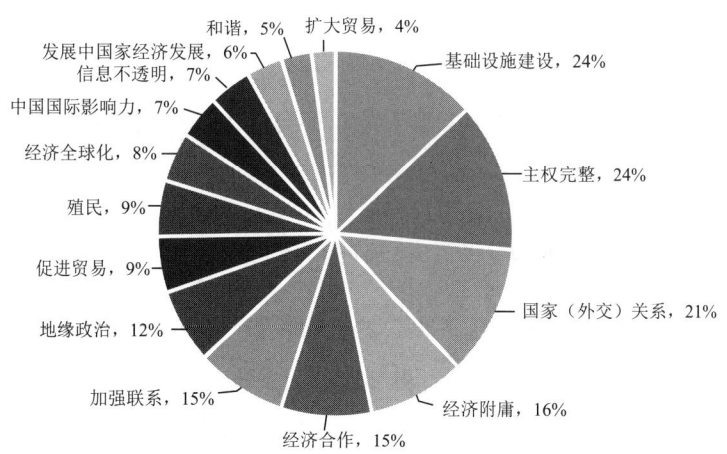

图3 《印度时报》"一带一路"报道主题属性占比排序

在仅有的12篇带有明显正面倾向的报道中，其内容主题涉及促进贸易、加强联系及经济合作、基础设施建设和经济全球化四部分。其中，首先一半以上的报道突出强调了该倡议对于基础设施建设的推动作用；其次提及最多的是贸易往来的扩大和各国之间的经济合作。在正面报道的叙述中，"active participation"（积极参与）、"economic benefit"（经济利益）等关键词出现频繁。可见，该媒体在正面报道时集中关注"一带一路"倡议能够为印度带来经济领域的效益。

与之对应，在占所有报道比例超过1/3的具有负面倾向的报道中，主题分布于地缘政治、主权完整、经济附庸、殖民、国家（外交）关系等。60%以上的负面报道是在政治领域的主题内表达对该倡议的质疑和忧虑。其中，首先主权与领土完整的受冲击以及倡议内容信息不透明的问题被提及较多，均达到13篇；其次是地缘政治和国家（外交）关系的局势不稳之问题，分别达到7篇和8篇。"strong reservation"（强烈保留）、"anxiety"（忧虑）等词汇在这类报道里出现频率较高。

在篇幅上，超过1/4的报道对于"一带一路"倡议的叙述较短，在简要提及的报道中，正、负面报道数量占比相差不大。"一带一路"倡议常作为外围的信息增量出现在内容里，如一篇关于某著名电影演员新上映电影的报道，于结尾处提及"一带一路"倡议使中国扩大国际影响力之余也体现了中国的霸权主义野心。

此外，在报道方式上，绝大多数的报道都以印度未派出政府代表团参与2017年"一带一路"峰会的相关事件来展开叙述，以表现印度对该倡议的拖延、疑虑等消极态度。例如，有相当数量的报道内容围绕峰会期间印日讨论携手推动从亚太延伸到非洲的"自由走廊"计划展开，并指出该计划是印度对于"一带一路"相关倡议的"对冲"策略。

三、中外媒体对"一带一路"议题呈现的差异分析

（一）外国媒体通过强调"政治"属性，进行解构式传播

以美国为首的西方世界凭借传统媒介的既得优势和新媒介的领先优势，在国际传播话语体系中占据中心地位，在引领世界舆论方面发挥着主导性的作用。

正面的报道主要在经济与文化领域肯定"一带一路"倡议。当今，世界经济复苏缓慢、发展分化，各国面临的发展问题依然严峻。"一带一路"倡议的建设方案内容涵盖加大基础设施建设、提高互联互通、提高经贸合作水平等方面。但是，64%的正面报道只是简要提及，并不是在"一带一路"为主题的报道中出现。

负面报道以全篇对"一带一路"进行质疑和审视的报道居多。同时，负面评价相对集中在政治领域。首先是强调中国想要成为"超级大国"的野心，并将"一带一路"倡议等同于"二战"后美国对西欧的经济援助计划，把"一带一路"倡议作为中国谋求区域新霸权的标志。这类误读的原因之一是中国的崛起，尤其是中国在国际舞台上话语权的提高，引起欧美强国的恐慌，害怕亚洲将超越西方。媒体通过强调这些政治属性，加深受众对"一带一路"倡议的负面印象。同时，有报道称《中国日报》为中国共产党的喉舌。这些对中国媒体报道内容的负面强调是对中国国际话语权的解构，意在遏制中国对外传播的影响力，保持欧美自身在国际舆论场的主导地位。但过度的恐惧会为相互沟通带来极大障碍，欧美需要意识到中国的复兴并不意味着西方的衰落，欧美需要重构信心，才能打造合作共赢的崭新局面。

另外，或与欧美媒体受新闻专业精神影响较深有关，媒体的报道立场中立居多。正、负面报道差异所强调的属性不同，体现出欧美对"一带一路"倡议较为矛盾的态度：认可"一带一路"倡议对推动全球经济发展的作用，也担心"一带一路"倡议的实施会对自身地位和话语权造成威胁。

与欧美媒体报道不同，印度媒体对"一带一路"倡议的负面报道远多于正面报道。仅有的12篇正面报道主要集中在经济领域，而负面倾向的33篇报道在"主权完整""地缘政治"等政治领域的主题上表达了对该倡议的质疑和忧虑。究其原因，是印度所感知到的政治焦虑远大于其对"一带一路"倡议所带来的经济收益的认知。因此，印度媒体更多地强调政治属性，传达其政治忧虑，以加深印度受众对"一带一路"倡议与国家会受政治威胁的联系，从而影响受众对"一带一路"倡议的看法。

（二）中国媒体的局限：集中强调经济属性，缺乏跨文化沟通与多角度报道

从抽样分析的结果得知，《中国日报》的100篇报道中有90篇为正面报道，而这90篇中又有77篇报道与经济相关。这些正面报道集中体现了"一带一路"倡议所带来的积极作用，包括促进同共建"一带一路"国家的合作、推动世界经济复苏、提供发展机遇等。但缺乏涉及国际形势发展、共建"一带一路"国家介绍、可能遇到的挑战和风险的深入分析等相关内容的报道。由于中国政府期望"一带一路"倡议能迅速得到世界的认可，因此在报道中集中强调"一带一路"倡议的经济属性，突出其对沿线各国的积极作用，而对国外对"一带一路"倡议带来的"中国超级大国""主权""地缘政治""霸权"等政治焦虑避而不谈。中国媒体选择性忽视较为敏感的政治属性而强调经济属性，是期望加深受众对"一带一路"倡议所带来的经济收益感知并降低其政

治焦虑，从而赢得更多支持。

然而，从传播效果的一般规律来看，媒体报道单向度的倾向性过于明显也可能使其有较强的宣传意味，易引起受众的抵触心理。一些过于直白和功利、缺乏人文关怀与跨文化的价值沟通的传播内容也不利于国际受众形成对"一带一路"倡议的正确认识，反而可能造成负面的传播效果。

同时，中国媒体的报道缺乏来自公众的声音，消息源多来自官方。"一带一路"倡议不仅关乎国家经济的发展，更直接关乎民众的利益诉求和日常生活。因此，在进行"一带一路"倡议对外传播时，更多地采纳来自民间舆论场的声音，选好传播的切入点就显得尤为重要。

面对外国媒体的误读与解构，我国媒体常处于被动地位，仅仅是针对不利的报道做出回应与反击，且大多是通过在报道中大量呈现领导人对于"一带一路"倡议的肯定，或者是专家对此的评论与观点，而缺乏多角度、全方位的报道。因此，在对外传播的主动性上，我国媒体还有待提高。

媒体外交视野下中兴事件的报道框架分析*

一、引言

2018年4月16日,美国商务部发布对中兴通讯的禁售令,未来7年内禁止中兴通讯向美国企业购买敏感产品。受禁令影响,中兴通讯的正常经营活动无法继续。5月13日,特朗普在推特(Twitter)中表示"致力于让中兴恢复营业",引起部分议员的不满。7月12日,在中兴通讯缴纳14亿美元罚款及保证金后,美国商务部正式解除对该公司的出口禁令,中兴通讯可以重新向美国公司购买零件,恢复正常生产。

美国制裁中兴事件本是关乎中国企业的商业事件,但在中美作为世界两大经济体存在相当冲突的国际环境中,中兴事件的讨论被"政治化",成为国家利益的表达,在科技、政治等方面也产生了连环效应。基于这一特点,本文尝试使用媒体外交(media diplomacy)作为理论视角,结合框架分析的方法进行研究。

媒体外交讨论的是公众、媒体、国家政府和外交决策四者间的关系,特别是媒体在外交决策过程中的作用。在秘密外交时代,外交实践主要依靠职业外交人员的沟通和谈判实现。第一次世界大战后,大众媒体成为公众获取政府信息,进而通过意见表达影响政府决策的重要途径。伴随着外交方式的变化,大众媒体开始介入并参与外交,逐渐扮演起了调停人(mediator)的角色:一旦争端发生,各方通过本国或其他国际性媒体向国际公共领域投射声音,一方面影响国际公众对争端问题的态度,营造有利于己方的国际舆论环境;另一方面通过媒体报道来测试其他诸方的反应,探测底线,据此进行策略调整,影响争端问题的发展走向与解决①。

在中兴事件中,中美双方通过大众媒体释放信号,向全世界表达自身立场。媒介作为沟通和表达的工具,在外交中帮助协调各方利益、促进国际沟通。本文基于媒体

---

* 李婉莹,王子睿,徐桂权,等.媒体外交视野下中兴事件的报道框架分析:以《中国日报》和《纽约时报》为例[J].对外传播,2018(10):39-42.本书中的文章标题略有改动。
① 陆佳怡.媒体外交:理论与实践[M].北京:中国传媒大学出版社,2016:88-93.

外交的视角,通过比较中美主流媒体的对外报道,来探究差异化报道框架的形成机制以及两国媒体在国际争议性事件中发挥的作用。

二、研究方法

本文采用框架分析的操作策略,对中兴事件的媒体报道进行话语分析。《中国日报》是中国唯一一份全国性英文日报,其主要任务是对外传播,以及辐射国内外方针政策,本文将其作为中国对外传播的样本;《纽约时报》是美国严肃报纸的代表,在国际社会有着良好的公信力和影响力,本文将其作为美国对外传播的样本。在《中国日报》和《纽约时报》官网上,于4月16日(禁令发出)至7月22日(禁令解除后10天,报道逐渐平息)的时间范围内,以关键词"ZTE China"搜索相关报道,研究者获得《中国日报》的报道77篇(包含亚洲版、美国版等所有版本)、《纽约时报》的报道143篇;人工筛选、剔除重复样本和不相关样本后,获得《中国日报》有效样本59篇,《纽约时报》有效样本58篇。

基于上述文本进行主题编码,本文提炼出的四个报道框架分别是,"中兴企业描述""中兴出口禁令""中美协商""核心技术"。研究者从这四个角度出发,归纳《中国日报》和《纽约时报》对于中兴事件的报道框架特点,结合报道的数量分布,分析二者间的框架互动。

三、研究发现

(一)《中国日报》关于中兴事件的报道框架

1. 中兴企业描述

《中国日报》对中兴通讯的介绍主要出现在前期报道中。这类报道多次重复中兴通讯在全球通信市场中的地位和在美国的发展情况,如介绍中兴通讯与美国企业开展了广泛的贸易和投资合作,为美国贡献了数以万计的工作岗位,呼吁美国要"按照规定适当处理问题,为企业创造公平、公正、稳定的法律和政策环境"(*ZTE-US case: Govt ready to protect rights of Chinese companies*,4月17日)。此外,报道强调中兴通讯已经为适应美国规制付出了诸多努力,如建立合规管理委员会(The Compliance Management Committee)、投资5000万美元的合规培训等,并且本次问题是由中兴通讯自我检查并上报的，是中兴通讯管理体系合规性和有效性的体现。报道还强调了中兴通讯对核心技术研发的重视和投入，如说明中兴通讯是"2017年世界上最大的两家国际专利申请机构之一"（After ban, ZTE promises to protect staff and clients' interests，4月24日），为中兴通讯塑造正面的企业形象。

总体来说，《中国日报》通过对中兴通讯的正面报道，塑造了一个实力强大、重视法律规章和核心技术研发的大公司形象，试图赢得国际舆论的支持，呼吁美方要谨慎处理。

2. 中兴出口禁令

在这一议题中，《中国日报》的报道主要围绕以下三个方面进行：其一，《中国日报》直接引用了中方政府和中兴通讯对禁令的反对性言论，并作为多篇报道的标题，如《中兴—美国事件：政府准备保护中国企业的权利》（ZTE-US Case: Govt Ready to Protect Rights of Chinese Companies，4月17日），向国际社会传达出中方的强烈反对态度。其二，报道试图说明美国颁布禁令的意图是不正当的，是把"经济竞争政治化"，旨在遏制中国高科技发展（politicize economic competition）（US should not politicize economic competition，4月18日）。其三，引用中方政府、专家学者、第三方咨询公司（如MOOR Insights and Strategy）的观点，报道禁令可能造成的负面影响，如给高通等中兴通讯的合作伙伴带来巨额业务损失、影响美国的商贸投资环境、影响全球通信市场以及5G网络的建设等。

总的来说，《中国日报》通过对中方反对声明的反复报道和禁令不合理性的多维论证，对美国的下一步行动给予了警告，同时在国际社会营造有利于中方的舆论环境。

3. 中美协商

《中国日报》对中美协商过程，特别是协商结果和各方评价进行了跟进报道。报道显示中美协商主要分为三个阶段：首先，中美官员在北京举行了经贸磋商会议，美方官员表示会向总统特朗普汇报中方的反对意见。中方和美方部分专家、官员对中美协商对话表示了肯定，期望中美能维护稳定健康的贸易关系。其次，美国总统特朗普指示商务部帮助中兴通讯重返市场，中国外交部发言人对美国在中兴问题上发表的积极评论"表示赞赏"（China praises Trump's ZTE comments，5月14日）。最后，中方代表赴美进行经贸谈判，会后中美就挽救中兴通讯达成了协议，国内各界对此持肯定态度。截至7月3日，中兴通讯被允许暂时恢复商业活动，股价开始上涨；7月12日，美国与中兴签署托管协议，托管金到位即解除禁令。托管协议签订后，中兴股价出现飙升。

可以看出，《中国日报》主要对协商结果和各方评价进行正面报道，从中美官方、专家学者、其他媒体及第三方组织（如咨询公司）等多方信源取证，呈现了中美通过协商对话逐渐平复中兴危机的叙事逻辑。

4. 核心技术

中兴事件折射出的中美电信技术差距也是《中国日报》的报道重点，且其中主要为半导体技术。《中国日报》通过引用中国政府、专家学者及业界人士的观点，说明了中国半导体核心技术不成熟、过于依赖进口的现状；此外，还报道了中国政府对半导体产业实施的新扶持政策，以及中兴事件后，以阿里巴巴为代表的中国公司为支持本土半导体发展而采取的积极行动。此外，《中国日报》报道了国家主席习近平在全国会议及博鳌亚洲论坛上的讲话，会中提到了中兴事件对中国加大核心技术发展力度的启示，将议题提升到国家战略层面（Positive internet power，4月23日）。

总体来看，《中国日报》采用了国家独立自主发展高科技与民族企业创新的宏大叙事，为中国高新技术产业建构了正面形象。

（二）《纽约时报》关于中兴事件的报道框架

1. 中兴企业描述

这一议题中，《纽约时报》的报道或者纵向回顾中兴通讯以往被控贿赂、超额计费和违规的历史，或者横向比较中国另一家高科技公司——华为在国际市场遭受的抵制，再结合美国政府或相关专家的观点，将中兴通讯视作美国国家安全的一大威胁。《纽约时报》还关注中兴通讯与中国政府的特殊关系及其政治意义，将中兴通讯视为"中国政府地缘政治的筹码"（What is ZTE? A Chinese Geopolitical Pawn That Trump Wants to Rescue，6月7日）。还有的报道选择性地引用中国官方媒体——中国国际广播电台的报道，指出"中国企业不应该成为依靠北京把它们从困境中解救出来的'巨婴'"（China's ZTE, Saved by U.S., Has a Checkered Past and Shaky Future，6月8日）。

可以看出，《纽约时报》将中兴建构成为一个存在"不法前科"、对美国国家安全造成威胁，并且有中国政府作为支撑的高科技企业的形象，从侧面证明禁令的正当性。

2. 中兴出口禁令

在禁令的原因方面,《纽约时报》将其归结为中兴通讯自身的违法行为,以此证明禁令的正当性。在禁令的性质方面,《纽约时报》将中兴事件视作中美贸易战的重要一环,经常将其与中美关税战结合在一起进行报道(*Trump's Trade War Spooks Markets as White House Waits for China to Blink*,6月19日)。在禁令的影响方面,《纽约时报》通过采访政府官员、专家学者、相关行业从业人员等多方信源,呈现禁令的正面和负面影响:一方面介绍了禁令对中兴通讯的约束作用和对国家安全的保护;另一方面指出由禁令引发的中美贸易战对美国企业的负面影响,如农产品积压(*Why Trump Might Cave to China: Iowa Soybean Farmers*,6月7日)。

总体而言,《纽约时报》首先将禁令定性为合理、合法,并将其与中美贸易战联系在一起,而在对禁令影响的分析上则较为客观、中立。

3. 中美协商

《纽约时报》对中美协商过程的报道主要包含两部分:一是解读中美正式外交对话,如猜测美国在朝鲜问题上需要中方的帮助,从而保证美朝会面的顺利进行,而中兴通讯正是双方谈判的筹码(*Trump Strikes Deal to Save China's ZTE as North Korea Meeting Looms*,6月7日)。投资者认为"中美政府之间不断升级的对峙只是一种谈判策略,实际结果将会温和得多",因此股市并未受到较大影响(*Why Investors Aren't Spooked by Cracks in the International Economic Order*,6月12日)。二是美国内部关于中兴事件的争论,如特朗普态度的转变与伊万卡商标在中国的顺利过审在时间上恰好吻合,令批评人士质疑特朗普不顾国家安全,从中谋取私人利益(*Ivanka Trump Wins China Trademarks: Then Her Father Vows to Save ZTE*,5月28日)。两党议员也对特朗普对华态度的软化表示不满,联合通过法案,试图阻止对中兴通讯的解禁。尽管特朗普政府表示,此举不是在"宽容"中国,而是贸易谈判的一部分(*Trump Defends Administration's Trade Strategy With China*,5月21日),但反对者认为对中兴通讯的任何决定都不能与贸易谈判挂钩,它应该是一种正常的执法行为(*Trade or Enforcement? Trump and Aides Give Conflicting Statements on ZTE*,5月16日)。在美国商务部正式解除对中国中兴通讯的出口禁令后,部分议员抨击此举"再次让习近平主席和中国政府成为大赢家"(*Republicans Bow to White House on Chinese Telecom Firm ZTE*,7月20日)。

总的来说,《纽约时报》除了对中美正式外交进行解读,更多的是报道美国内部对于中美协商过程的争论,包括美国内部的多元意见,以及特朗普政府与议员的博弈。

4. 核心技术

这一议题上,《纽约时报》引用中美官方发言和报道以及相关专家的意见,指出中美已经打响在高科技领域的攻坚战。《纽约时报》指出,中国企业和资本在国外市场面临着侵犯知识产权的质疑,此次事件也暴露了中国在高科技领域需要进一步提高自给自足的能力。此外,强调打击知识产权盗窃行为对美国企业发展至关重要,"最好的解决办法可能是在美国法庭上进行,而不是在贸易谈判上"(*In Hitting China on Trade, Trump Is Seen Neglecting U.S. Emerging Industries*,6月21日)。

在这一议题上,《纽约时报》将中兴事件视作中美两国高科技领域攻坚战的一部分,并站在美国的立场上报道本国应该采取的应对措施:对中国的科技进步持警惕态度,保护美国企业的知识产权。

(三)《中国日报》与《纽约时报》报道框架的比较分析

1. 报道关注点

表1 《中国日报》与《纽约时报》报道数量的比较

报道议题	《中国日报》(59篇)		《纽约时报》(58篇)	
	数量(篇)	占比(%)	数量(篇)	占比(%)
中兴企业描述	4	6.5	10	11.8
中兴出口禁令	26	41.9	15	17.6
中美协商	17	27.4	43	50.6
核心技术	15	24.2	17	20.0

注:同一篇报道可能涉及多个议题,从而被编入多个议题类别中。

从表1中可以看出,《中国日报》围绕"中兴出口禁令"的报道最多,主要是表达中国对于禁令的反对态度;继而是关于"中美协商"的报道,特别是相关进展的报道。此外,"核心技术"的议题也受到了较多关注。《纽约时报》则重点报道了"中美协商",比例高达50.6%,其中内容主要是美国内部对于中美协商过程的多元化观点的争论;然后是关于"核心技术"和"中兴出口禁令"的报道。两家媒体对于"中兴企业描述"的占比均最小。

2. 报道框架冲突

《中国日报》与《纽约时报》在共同议题上存在诸多冲突之处。首先，在"中兴企业描述"方面，《中国日报》以塑造正面的企业形象为主，从而凸显禁令的不合理性；而《纽约时报》主要从国家安全的角度出发，报道了中兴通讯的"不法前科"以及和中国政府的暧昧关系，提出对该公司的质疑，意在表明禁令的合理性。其次，在"中兴出口禁令"议题上，《中国日报》主要报道了中方的反对态度，以及通过对美方不正当目的以及禁令的负面影响的报道来说明禁令的不合理之处；而《纽约时报》则在强调禁令合法合理的基础上，较全面地报道了禁令可能带来的影响。

四、结论与讨论

在这一外交争端中，双方媒体都扮演了调停人的角色。首先，在向国际公共领域投射声音这一维度上，中美两国媒体的表现有很大差异，主要体现在报道框架的差异上。中美在报道中呈现的框架冲突本质上是中美国家利益冲突，关注点的选择、对特定内容的"沉默"也与国家利益相吻合。就此，《纽约时报》包含了美国多方具有争议性的态度，《中国日报》则以统一的积极、正面报道为主，导致这种差别的主要原因就是两国不同的媒体性质。《中国日报》以正面宣传为导向，因此多表现中国政府、企业的正面形象；而《纽约时报》作为精英话语的传声筒，更多侧重于表达"建制内的多元观点"[①]，倾向于把外国现实"内在化"——在面对"中兴事件"时，首先简单划分"我们"和"他们"，继而对准"我们"所制定的阐释框架，将外交问题内部化，从美方自身角度探讨问题。《纽约时报》虽然呈现了多方观点，但它与美国外交政策决策者所代表的价值观和根本利益从本质上是一致的，如对于中美协商过程，《纽约时报》中的多元化声音不管支持或反对政府政策，都拥护美国的根本利益。

其次，在通过媒体报道来测试对方的反应这一维度上，双方基于本国利益，通过阐明立场、分析事件，进而释放信号。美朝会面前夕，特朗普政府试图对中国增收关税，《中国日报》发表商务部发言人讲话，声明中国不希望看到摩擦升级的立场，释放希望解决并控制争端的信号。《纽约时报》则指明特朗普政府的意图——减少美国企业

---

① 李金铨.建制内的多元主义：美国精英媒介对华政策的论述[J].21世纪，2002（1）：71-82.

对中国制造零部件的依赖,并声明这是对知识产权的保护,从而阐明征收关税并非希望摩擦升级,而是出于对本国经济的考虑。通过对中方行为的分析,美方也传达了希望寻找方法缓解紧张局势的期待。

总之,通过本案例,我们可以发现:在涉及国家利益的国际争端事件媒介化协商中,利益攸关方及其媒体围绕核心议题影响舆论,并试探对方底线,不断调整应对策略,而媒体在其中发挥着调停人的角色。

中美经贸摩擦背景下华为与国家形象的媒介建构*

一、事件背景

自 2018 年 3 月美国颁布对华加征关税产品清单以来，中美贸易摩擦持续发展。经历多次谈判未果后，2018 年 12 月 1 日，在中美达成"不升级贸易对抗共识"的当天，华为 CFO 孟晚舟在加拿大被捕。与之前美国对华为经济层面的限制不同，该事件被加入了更多政治属性的元素；同时，这一事件具有较强的传播力，使得中美贸易纠纷的更多细节暴露在受众的视野中。

2019 年 5 月 16 日，美国对华为的制裁进一步升级，将其列入"管制实体清单"；中方和华为也采取了一系列措施予以回应，反对美方动用国家力量打压中国企业。2019 年 6 月 29 日，在日本大阪举行的 G20 峰会期间，特朗普宣布给华为"松绑"，允许美国公司继续向华为销售产品。尽管如此，围绕华为与美国之间的冲突依然是此后一段时间国际媒体报道的热点。

中美关系及其媒介再现一直是国际传播领域关注的重点话题，此次针对华为的系列事件是中美贸易摩擦背景下极具代表性的案例，无疑具有重要的研究价值。本文尝试从跨国公司与国家形象的相关性这个较少被关注的角度入手，探讨 2018—2019 年华为公司形象及其所代表的中国国家形象是如何被国际媒体的报道建构的。

从现有的国家形象研究来看，企业维度是国家形象认知的重要因素之一。企业海外声誉与竞争力高低将直接影响该国的经济形象，进而影响国家形象①。另外，从企业传播研究来看，已有的企业形象建构研究多局限于营销层面的分析，探讨品牌元素对企业形象的塑造作用，鲜有从媒体层面进行阐释的，且企业形象与国家形象的联系较为浅表，这也给本研究留下了探索空间。

---

* 黄盈佳，程卓婷，徐桂权，等.中美经贸摩擦背景下华为与国家形象的媒体建构——以《中国日报》和《纽约时报》为例［J］.对外传播，2019（9）：49-52.本书中的文章标题略有改动。
① 廖秉宜，李海容.中国企业海外声誉与国家形象建构研究［J］.对外传播，2017（9）：42-45.

二、研究问题与研究方法

依据上述背景,本文假设:作为中国高科技企业的典型代表,媒介上所呈现的华为形象在某种程度上映射了中国的国家形象。由于国际问题中,媒体如何描述与建构形象会受制于其所属的国家和国家间利益关系的变化等因素,因而针对同一事件,不同报纸在报道中扮演的角色、立场等也很可能是不同的。

中美贸易纠纷从起初经济领域壁垒的建立,到升级为政治性国家安全问题,经历了从潜伏到爆发的过程。在这一过程中,中美两国的国家关系也在冲突和对话的交织中动态变化着。因此,本文尝试以孟晚舟事件为分界点,将中美在华为议题上的关系分为常态化(矛盾潜伏)和非常态(矛盾爆发)两个时期。本文依据事件集中发生的时间段,以一个完整的自然年(12个月)为限,选取了中美两国在国际传播领域影响较广的两份报纸《中国日报》和《纽约时报》从2018年7月1日至2019年6月30日的共485篇报道。我们试图通过对这两个时期中美报道的对比分析,探讨以下问题:①在矛盾激化前后,中美媒体各自采用怎样的框架建构华为的报道?其报道有何共同点及差异、冲突?②两家媒体在中美关系常态化和非常态的不同时期,是否存在一以贯之的报道规则?③若两份报纸建构存在差异,那么中美媒体分别塑造了怎样的华为形象,背后是否折射出不同的国家形象?

在具体研究策略上,本文选用框架分析和内容分析相结合的方式来进行研究。学者臧国仁认为,在每一种新闻事实的框架中,均包括高层、中层、低层三个环节。高层即抽象于事件的意义和主题,中层包含事件的本身、背景、影响等,而低层主要指语言文字等符号表象[1]。我们依据这一结构,同时参考臧国仁所提出的编码标准,以扎根理论方法论为指导思路,从原有文本出发进行编码和提炼,最终总结出中层框架;在此基础上推导出两份报纸在两个时期共有的高层框架,涉及"对华为的描述""美方及其同盟对华为采取的行动""华为及中方对美方同盟的回应""其他各方对禁令的态度与回应"四大主题。本文的对比研究借由四个维度展开,即从"常态化时期""非常态时期""《中国日报》报道"及"《纽约时报》报道"的交叉分析展开,从两份报纸对华为事件报道的前后态度和话语建构的差异角度分析其背后所映射的国家形象。

---

[1] 臧国仁. 新闻媒体与消息来源——媒介框架与真实建构之论述[M]. 台北:三民书局,1999:34-41.

三、研究发现：《中国日报》和《纽约时报》两个阶段的报道框架分析

（一）常态化时期中美报道框架（2018年7月1日—11月30日）

1.《中国日报》常态化时期的报道框架

《中国日报》大部分报道的主题内容都是突出华为的成就，从正面积极的角度塑造了华为实力卓越、高瞻远瞩、积极承担社会责任的形象，涉及5G等技术层面的突破以及其在非洲地区的公益慈善活动等内容，具体如表1所示。

表1 《中国日报》常态化时期报道框架

高层框架	中层框架	具体内容	频次（次）	关键词/句
对华为的描述	技术成就	研发投入、新品发售、技术成就	8	领先；智能；竞争力；人才；协助；贡献；快速增长
	市场成就	国内外市场份额与国际地位	14	
	前景展望	未来规划	6	
	与各方合作	建设国内、国际研发中心，提供新技术；培养人才	20	
美方及其同盟对华为采取的行动	行动内容	美国等质疑华为，对其采取限制措施，施压他国	6	国家安全；禁止；施压；危机；威胁
	行动影响	破坏5G推广，扰乱全球供应链	2	问题；破坏；紧张
华为及中方对美方同盟的回应	立场表态	应正视事实、摒弃偏见，提供公平竞争环境	6	意识形态；无事实依据；公平竞争

将美方及其同盟作为主体的报道数量仅为该时期报道总数的1/9，内容集中于澳大利亚等国对华为的"偏见"和采取的限制性措施。此时，《中国日报》的报道框架并没有特别强调所谓的"冲突"。

在文本和话语的低层框架上，《中国日报》采用了许多正面积极的词汇描述华为的成就；对于美国同盟的限制性行为，《中国日报》将其认定为一种"不符合事实的偏见"。

总体上，在常态化时期，《中国日报》对于华为企业形象的正面建构着力明显，其多从"自我"角度出发，采用"事实描述为主，立场观点表态为辅"的报道框架，全方位展示了华为的前沿技术和市场成就，在提到"华为"的时候常伴以"中国企

业""国产手机"等强调"自我"的词语,体现了中方通过对华为企业形象的建构而塑造出的"中国智造""科技创新"的大国形象。

2.《纽约时报》常态化时期的报道框架

在常态化时期,《纽约时报》对华为的报道数量较少,仅有7篇。针对"美方及其同盟对华为采取的行动",《纽约时报》较为详细地陈述了美国和澳大利亚考虑禁止华为的原因、具体颁布的措施,也呈现了其他国家政府在这一问题上的分歧。通过援引专家、第三方评估机构和其他媒体的评论,《纽约时报》为受众带来了禁令影响的多角度分析。在话语和文本用词上,各方表态都较为"温和",采用了"可能""担忧""呼吁"等词汇描述潜在的危机,具体如表2所示。

表2 《纽约时报》常态化时期报道框架

高层框架	中层框架	具体内容	频次(次)	关键词/句
美方及其同盟对华为采取的行动	行动内容	基于安全考虑禁用华为	5	国家安全;担忧;阻止;封锁;警告;间谍
	行动影响	影响华为业务拓展,造成损失	1	华为损失
华为及中方对美方同盟的回应	立场表态	否认指控,尝试接洽,维护权益	4	失望;担忧;接洽;公约;合法权益;技术开放
其他各方对禁令的态度与回应	立场表态、行动内容	政府:支持与封锁并存 专家与媒体:分析冲突原因及影响	3	分歧;支持;封锁;侵略性防御

总体上,《纽约时报》从多方立场出发对事件进行报道,对问题的分析力求客观,各方面没有明显的偏倚倾向。但相比同期对美国本土企业的报道来说,其对华为并没有过多描述,对华为形象采用了"留白"的建构方法。

(二)非常态时期中美报道框架(2018年12月1日—2019年6月30日)

1.《中国日报》非常态时期的报道框架

在非常态时期,《中国日报》针对华为的相关报道数量猛增,共有300篇。关于"美方及其同盟对华为采取的行动"的内容共出现51次,涉及美国多项禁令、阻止华为申请专利费、加方逮捕孟晚舟事件等,具体如表3所示。

表3 《中国日报》非常态时期报道框架

高层框架	中层框架	具体内容	频次（次）	关键词/句
美方及其同盟对华为采取的行动	行动内容	抵制华为；阻止维权；逮捕孟晚舟与波兰员工	51	宣称威胁；诋毁；扼杀；迫害
	行动影响	对国家关系、商业贸易、行业整体、学术界的负面影响	12	贸易壁垒；紧张；僵局；窃取
华为及中方对美方同盟的回应	立场表态、行动内容	合法维权；美国行为严重影响；对禁令提起诉讼；推出自主操作系统；争取第三方支持	67	失望；抗议；否认指控；寻求沟通；承诺
其他各方对禁令的态度与回应	立场表态、行动内容	政府：多国政府支持；英国内部分歧 企业：谷歌暂停业务往来；其他公司仍在合作 专家：担忧负面影响	72	冷遇；担忧；分歧；不会禁止；支持；抱有信心；暂缓禁令；公平竞争
对华为的描述	与各方合作	在国内、国际建设研发中心，提供新技术	39	合作协议；研发基地；5G；巨大变革
	市场成就	面临压力，依然实现强劲增长	32	市场阻力；依然增长；强劲
	前景展望	华为改变投资重点、积极推进业务进展	51	信心；逆风而行；创新；团结一致；坚韧不拔

华为和中方的自述带有比较强硬的色彩，突出捍卫权利和回击美方质疑，更多的是"立场表态"；其他国家和企业的表态虽有争议，但大多表示"允许"华为在本国开展业务或与之进行合作；同时，第三方专家对美方行为提出批评，认为此举将无益于缓解中美摩擦，并会在全球范围内产生负面影响。

对于一些国家或组织回心转意接受华为的行为，不同于《纽约时报》的选择性不报道，《中国日报》采用单篇报道的形式来突出事件，并且试图建构美国操控的观念。

除了冲突事件，《中国日报》延续了常态化时期对华为的大量正面叙事，出现频次高达122次。然而此时叙事的侧重点有所不同，突出了贸易纠纷背景下华为仍然积极研发新产品、承担企业责任的坚韧之态，同时强调其态度得到了国际社会的认可。

在低层框架上，《中国日报》在危机时期采用了许多带有浓厚感情色彩的语言，对美方做法进行了批评、指责与回击。

总体上，《中国日报》在危机时期的叙事框架侧重表现本国及华为立场与第三方的支持态度，突出了华为面对困难时的坚韧以及希望通过和平沟通化解矛盾的"大企业风范"，也传递出中国在国际性冲突事件中想展现于众的类似姿态。

2.《纽约时报》非常态时期的报道框架

非常态时期的《纽约时报》有关华为的报道数量为 120 篇左右,"事件本身"的叙述同样分为"美方及其同盟对华为采取的行动"和"对华为的描述"两个方面。但前者有 75 次,后者仅为 5 次。"对华为的描述"无明显情感偏向,较为客观地呈现了华为的技术成果及其背后可能存在的隐患,具体如表 4 所示。

表 4 《纽约时报》非常态时期报道框架

高层框架	中层框架	具体内容	频次(次)	关键词/句
美方及其同盟对华为采取的行动	行动内容	美国抵制华为,阻止维权;孟晚舟被拘留;G20峰会,特朗普放松禁令	47	禁止;警告;制裁;阻碍;限制;引渡;指控(孟晚舟)罪名
	行动影响	对事件主体、国家关系、电信产业、世界贸易产生负面影响	28	全球性影响;中国科技依赖性;冲击;复杂
华为及中方对美方同盟的回应	立场表态、行动内容	推动释放孟晚舟、报复性回击;否认针对华为的指控;努力摆脱干扰,朝战略方向前进;禁令将损害美国及其盟国经济发展	43	承认冲击;信心;不公正;否认指控;防备制裁;努力抗争;报复
其他各方对禁令的态度与回应	立场表态、行动内容	政府:各国存在分歧 企业:存在分歧,减少交易的同时要求放松禁令 专家:中美不应使用华为作为贸易谈判筹码;禁令暴露中国科技弱点;美方做法有损各方利益	35	观望;不站队;施压;警告后果
对华为的描述	市场、技术成就	华为完成全球首个5G电片测试;与苹果在中国市场的比较	4	追赶;领先
	企业文化	华为强硬的"狼性"企业文化	1	进步与问题

"事件影响"角度的报道占据了大部分篇目,信息来源于多方。首先,《纽约时报》对华为和中方的反应侧重于报道"具体做法",其中中方的"具体做法"强调了中国报复性拘捕他国国民的行为。其次,《纽约时报》呈现了他方对中美贸易纠纷的争议态度,专家的评论更侧重于全球性、全局性的影响分析,强调中美"都不应该"在贸易谈判中"使用华为作为筹码"。

在语言层面,《纽约时报》依旧没有使用过多表达强烈感情色彩的词语。然而这并不意味着其报道不存在国家立场的痕迹。例如,其对于华为事件的报道上多次出现"我们国家"这些明显代表美国立场的词语,伴随对华为以及中国的"他者"建构。在

"中国拘捕加拿大企业家"一事中,其多次使用"报复"一词定义中方行为,矛头直指中国政府,这与《中国日报》的报道框架存在冲突。此外,《纽约时报》将《中国日报》所建构的华为"坚韧大气"的企业形象解读为"狼性"文化,倾向于呈现华为的"勃勃野心"以及其背后和中国政府千丝万缕的关系。

四、结论与讨论

(一)中美媒介建构方式差异及华为与中国的形象塑造

1.常态化时期中美媒体的报道特点

经由上述分析,我们可以发现常态化时期中美媒体的报道具有如下几大特点。

(1)两份报纸在报道立场上存在差异。《纽约时报》从多方立场出发建构报道框架,《中国日报》的框架则大多以"我"为主,且对华为关注程度更高。

(2)两份报纸在形象塑造层面也有所不同。常态化时期,《中国日报》十分注重华为成就和正面形象的描述;而《纽约时报》则采取了"留白式塑造"的策略。

(3)常态化时期,两份报纸都没有特别强调中美间的摩擦和冲突。

与非常态时期相比,中美关系常态化时期并非全无分歧,只是这种国家间的分歧和对抗程度较低。因而,在这样的矛盾潜伏期内,中美媒体都采用了较为平常的话语进行报道,对事件也有着更高的阐释自由度。

2.非常态时期中美报道框架的冲突

比起常态化时期,非常态时期中美报道框架的冲突更为明显,具体表现在以下几个方面。

(1)报道语言上,《中国日报》用语的感情色彩要明显强烈于《纽约时报》;《纽约时报》也在用词用语中隐晦地表明了自身所代表的国家立场。

(2)观点呈现上,《中国日报》更强调中方的立场观点;《纽约时报》则从各方意见出发,探讨具体行为和产生的影响。

(3)报道选材上,两份报纸都会选择性地突出不同事件,如《纽约时报》强调中方拘捕加拿大人的风波,而《中国日报》更关注孟晚舟被捕。两份报纸的报道框架中带有一定的基于本国政治立场的意识形态色彩。

（4）形象塑造上，《中国日报》通过"成就"塑造华为的正面形象，甚至在危机时期突出华为的坚韧特性；《纽约时报》对华为形象的建构存在前后变动的趋势，从"留白"到做出不同的解读，与《中国日报》相比存在显著的差异。

（二）变动的国际关系中不变的报道原则与形象内涵

经由常态化与非常态时期、中方与美方媒体四个维度的交叉比较我们可以发现，不断变动的国际关系的确会对媒体的报道有所影响。相较于常态化时期采取对抗性较弱的建构方式，非常态时期下媒体阐释事件的方式更具主观特色，体现为更明确地展露本国的立场态度。此时，《中国日报》在报道数量、主题选取、话语情感等诸多方面都体现了国家立场；哪怕是宏观框架上更为貌似"客观"的《纽约时报》，其选题、修辞和引语层面的细节也隐藏了一定的意涵。

然而，不同时期的两份报纸都有一以贯之的事件建构原则，背后体现的是媒体基于本国利益的报道取向。例如，《中国日报》坚持从"我"出发阐述事件，一以贯之的态度体现了国家对华为的支持，也自主建构了中国积极正面的国家形象；而《纽约时报》会注意多方立场的互文和印证，尽可能实现报道的"客观性"，"自然"地说服读者接受该媒体所建构的现实与观念，但其框架依然与其国家立场密切相关。可见，相比于形塑媒体新闻实践的其他因素，国家权力的影响是根源性的。不论何时，《中国日报》与《纽约时报》都会基于本国利益建构框架；而变动的国际关系更多发挥了调节变量的作用，决定着媒体表达利益诉求的具体做法。本研究也表明，在分析复杂的国际形象的媒介建构时，要从浅表的媒介呈现中挖掘其背后深刻的意义，而这些意义往往植根于不同国家之间的利益博弈和权力关系中，需要全面、批判地分析。

全球符象事件的记忆建构:"9·11"事件20周年的国际报道框架分析*

一、引言

2021年8月30日,美国总统拜登宣布美军在阿富汗的军事任务结束,美军将从阿富汗撤出。这标志着美国自"9·11"恐怖袭击事件(以下简称"9·11"事件)后对基地组织和塔利班发起的长达20年的阿富汗战争正式结束,随后不久的9月11日即为美国遭遇"9·11"事件的20周年纪念日。

"9·11"事件爆发后,美国举国上下蔓延着复仇情绪,政府趁机推动改造伊斯兰世界的计划;20年来,因战争消耗大量资金与人力,大量无辜平民流离失所甚至被杀害,国内反对声音四起。在这一背景下,研究美国如何在"9·11"事件20周年这一重要时间节点开展纪念活动、弥合社会创伤,对了解美国媒体与社会现状有一定意义。

在国际关系层面,过去由美国主导建立的西方政治秩序近10年来逐渐走向离散;在全球化纵深发展、世界格局多极化的国际背景下,英国与法国对"9·11"事件的态度是否发生变化?阿拉伯世界如何在"9·11"事件20周年之际建构美国的形象?研究这些颇具代表性的国家主流媒体对"9·11"事件20周年的报道,不仅可以窥知国际社会对美国的态度、把握国际社会的发展状况,而且对我国对外传播层面也有重要的参考价值。

在国际传播研究中,我国对外传播的报道研究可分为如下三类:①研究外媒如何报道中国重大议题;②研究中国媒体如何报道他国重大议题;③比较中外媒体关于中国重大议题的报道框架。但少有文章对国际社会关于重大议题的相关报道进行对比分析。本研究将聚焦于美国、英国、法国与卡塔尔四个国家的主流媒体,分析其对

---

* 徐桂权,李冰心,沙兆杰,等.全球符象事件的记忆建构:911事件20周年的国际报道框架分析[J].岭南传媒探索,2022(6):116-120.

"9·11"事件20周年的报道框架,这对丰富国际新闻报道研究具有一定的意义。

在"9·11"事件20周年的媒介叙事中,美国主流媒体如何通过全国各地的纪念仪式来回顾"9·11"往事,并调用过去的事件来介入当下,完成集体记忆的书写和维系?相比之下,英国、法国与卡塔尔三国各自居于不同的立场,其对美国"9·11"事件20周年的报道是否同样沿用纪念框架?它们是将属于美国的集体记忆上升为共同的西方记忆,还是持中立态度,任其成为消逝的过去?不同国家的媒体基于何种身份对美国"9·11"事件20周年进行议题建构与框架报道?这是本文将要探讨的问题。

二、从民族国家到人类命运共同体:集体记忆建构的全球化路径

在理论层面,本文从集体记忆(collective memory)的理论视角来理解国际主流媒体对"9·11"事件20周年的报道框架。集体记忆研究肇始于法国学者莫里斯·哈布瓦赫(Maurice Halbwachs)。1925年,他提出"集体记忆"的概念,将个体的记忆置于群体的框架中,指出记忆是现在对过去的重新建构[①]。自20世纪80年代以来,出于"二战"以后民族国家寻找合法性等原因,西方学术界对"记忆"研究热情高涨,出现了"记忆潮",并形成三大研究路径:莫里斯·哈布瓦赫的集体记忆理论将重点落在"群体"上;保罗·康纳顿则认为"社会"才是集体记忆的主体[②];阿莱达·阿斯曼夫妇则提出"文化记忆"的概念,认为一种文化、一个族群共享着的价值体系和行为准则是建构集体记忆的基础[③]。

上述三大主流研究路径的共同点在于均将集体记忆囿于民族国家框架内,探讨的仍是政治权力如何在社会层面处理公共事件,以留下有利于自己的社会记忆[④]。在全球化背景下,媒体令记忆的去地域化成为可能,记忆的范围已然超越民族国家的边界[⑤],因此,有研究者提出应把集体记忆放在全球化视野中理解[⑥]。但在多元的政治文化背景和复杂的传播环境之下,国际上难以对发生在特定国家的特定事件形成统一的认识。那么,全球性的集体记忆得以形成的条件是什么呢?有研究者从"媒介事件"的理论发展出"全球

---

① 哈布瓦赫.论集体记忆[M].毕然,郭金华,译.上海:上海人民出版社,2002.
② 康纳顿.社会如何记忆[M].纳日碧力戈,译.上海:上海人民出版社,2000.
③ 阿斯曼.回忆空间:文化记忆的形式和变迁[M].潘璐,译.北京:北京大学出版社,2016.
④ 钱力成,张翮翾.社会记忆研究:西方脉络、中国图景与方法实践[J].社会学研究,2015,30(6):215-237,246.
⑤ 钱力成.记忆研究:超越民族国家和世界主义框架[J].学术月刊,2021,53(11):132-139.
⑥ ERLL A. Travelling memory[J]. Parallax, 2011, 17(4):4-18.

符象事件"(global iconic event)这一概念,将其定义为"由国际媒体广泛报道并且长久以来被仪式性纪念的新闻事件",此类事件多为引起国际关注、足以在历史上占据重要一席的创伤性事件(如柏林墙倒塌事件),其建构路径如下:①媒体在诠释社会事实的基础上升华报道语言;②将事件高度凝练为一个简短的名词或一个具有高辨识度的视觉场景;③报道不再囿于事实陈述或对抗叙事,而是打破不同社会政治背景的屏障,寻求普世性的社会意义和共鸣,由此报道在国际媒体上得以广泛传播①。

"全球符象事件"的概念为理解国际媒体的记忆建构提供了新的路径,将新闻事件的本土色彩和民族主义置于人类共同命运之下进行观照。沿着这一思路,"9·11"事件同样是典型的全球符象事件②。因此,我们试图将"9·11"事件的集体记忆置于全球化视角下,超越族裔和国家框架探讨这一记忆的现实意义,思考重大新闻事件如何跨越地区与国家的限制,统摄过去、现在与未来的人类命运,超越时间与空间引起广泛的、持续性的情感共鸣。

中国学术界于2000年后出现大量集体记忆研究的文献,目前关于媒体如何建构某一类事件集体记忆的研究成果丰富,多是沿时间维度纵向对比不同历史时期媒体对某一个案报道的集体记忆变化。比如,有研究追踪1949—2012年南京大屠杀集体记忆在中国主流媒体场域的演变③,还有研究分析2009—2017年主流媒体如何建构汶川地震的集体记忆等④。

综观中西方学界,均鲜有研究横向对比国际社会上不同国家媒体对某一全球符象事件的记忆建构。媒体在集体记忆的建构过程中起着中介作用,甚至可以说,媒介实际上是集体记忆的缔造者⑤。针对南京大屠杀这类创伤性事件,媒体通过创伤叙事建构集体记忆,记忆的结果是形成文化创伤,文化创伤的结果则是形成集体认同和身份意识⑥。但形成集体认同并不应该成为创伤记忆的归宿。如前文所述,超越民族国家或意识形态框架,以人类命运共同体的理念重新审视集体记忆,才是人类命运共同体趋势

---

① SONNEVEND J. Stories without borders: the Berlin wall and the making of a global iconic event [M]. New York: Oxford University Press,2016.
② ROBINSON L. Collective memory: september 11th now and then [J]. Information, communication & society, 2016, 20(3): 319-334.
③ 李红涛,黄顺铭."耻化"叙事与文化创伤的建构:《人民日报》南京大屠杀纪念文章(1949—2012)的内容分析[J].新闻与传播研究,2014,21(1):37-54,126-127.
④ 徐开彬,徐仁翠.汶川十年:汶川地震的媒介记忆研究[J].新闻大学,2018(6):50-62,148-149.
⑤ 黄月琴.大屠杀的事件性与后创伤主体——记忆、媒介及其文化省思[J].国际新闻界,2019,41(3):151-167.
⑥ ALEXANDER J C, EYERMAN R, GIESEN B, et al. Cultural trauma and collective identity [M]. Berkeley: University of California Press, 2004.

下的题中应有之义。横向对比国际社会对全球符象事件的集体记忆建构,可以为拓展集体记忆的传统研究路径提供新的思路。

总体而言,本研究尝试透过集体记忆的理论视角,并运用话语研究中的框架分析策略,探讨国际主流媒体如何展开一个全球符象事件的集体记忆建构。同时,本文将反思如何跳脱出记忆建构与再建构过程中的权力关系等传统集体记忆研究视野中的问题,超越民族国家认同这一思考框架,从更宏观的人类命运共同体理念出发,追寻"9·11"事件创伤记忆的深层次意义,以及探讨媒介在这一建构过程中的角色。这是本研究的理论意义。

三、研究方法

本文的研究策略如下:首先,在数据收集方面,本文选取2021年9月1日至9月17日的美国《纽约时报》、法国《世界报》、英国广播公司(BBC)和卡塔尔半岛电视台这四个国际媒体关于"9·11"事件20周年的报道作为分析对象。从时间段来看,从2021年9月1日起陆续有媒体围绕"9·11"事件20周年展开主题报道,其数量在9月11日当天达到顶峰,随后一周内(9月12日—9月17日)仍有部分报道持续关注"9·11"事件相关议题。从选取的媒体代表性来看,《纽约时报》是美国高级报纸的代表;英国广播公司是英国最大的新闻广播机构;《世界报》是法国的全国性日报;半岛电视台是阿拉伯国家最重要的新闻媒体。我们在上述四家媒体的网站内用"9·11""11 September"进行检索,从《纽约时报》获得有效文本51篇;从英国广播公司获得有效文本26篇;从《世界报》获得有效文本32篇;从半岛电视台获得有效文本27篇,这些文本共同构成本研究数据分析的语料库。

本研究主要借鉴社会学家甘姆森的框架分析的研究方法,对报道文本进行分析。甘姆森认为,媒体框架是"有组织的中心观点或者故事线索,为一系列事件提供意义"。媒体报道可以分解成为带有标识的话语包,标识反映着话语包的核心框架。标识又可进一步区分为框架装置和推理装置,框架装置包括标签、隐喻、范例、关键短语和视觉图像;推理装置包括根源、结果和体现的原则[1]。按照上述方法,本文对四家媒体共136篇报道和评论进行分析,提炼出"'9·11'事件的20周年纪念仪式""阿富汗战争的解读""'9·11'事件后恐怖主义的影响"三个话语框架(因篇幅所限,此处

---

[1] GAMSON W A. A constructionist approach to mass media and public opinion [J]. Symbolic interactionism, 1988 (11): 74-161.

略去各个框架的表解)。下文逐次分析《纽约时报》、英国广播公司、《世界报》、半岛电视台的报道框架,然后在此基础上进行比较分析。

四、研究发现

(一)《纽约时报》的报道框架

1."9·11"事件的20周年纪念仪式

"9·11"事件20周年纪念日当天,《纽约时报》报道了不同事发地、不同地区以及不同人群的纪念情况,描述了不同纪念地点举行的仪式。报道通过不同的纪念仪式和个体叙述,再现了"9·11"事件的灾难创伤,加强了民众对"9·11"事件的集体记忆,强化了团结意识及国家和身份认同。在对纪念活动的报道中,大部分文章通过对政要演讲原文的直接引用,反复呼吁人们保持团结;报道还提到许多消防员都将"9·11"事件中救援者的英雄主义精神视作他们选择这个职业的直接原因,强化了国家认同和救援群体的职业认同;而对于没有经历过"9·11"事件周年纪念的年轻人而言,20周年纪念也成为他们强化共同体认同感的契机。此外,该报还通过引用包括总统在内的政府官员、消防员、警察、事件亲历者、受害者家属、其他普通人的论述来说明团结精神对于当下美国的意义。

2.对阿富汗战争的解读

《纽约时报》对阿富汗战争的报道体现了美国主流媒体"建制内的多元主义"[①]特征,以不同的人群视角分述战争带来的正面或负面影响,如参战军人和政界人员关于战争价值的对立观点。但此类有关阿富汗战争的报道都建立在发动阿富汗战争合法化的议题之下,虽对战争价值和必要性有所怀疑,但主要还是依托于战争对参战美国士兵的创伤和持续性战争的弊端来写,规避了美国发动阿富汗战争的政治目的和此长期战略的失败。

3."9·11"事件后恐怖主义的影响

在论述"9·11"事件的政治影响时,《纽约时报》的议题集中在国家安全行为和

---

① 李金铨.建制内的多元主义:美国精英媒介对华政策的论述[J].21世纪,2002(1):71-82.

种族歧视之上。第一类报道描述了美国航空业、纽约的警察工作等在"9·11"事件之后的改变；第二类报道则通过援引美国穆斯林及其他受害人的论述，从不同角度描述了他们所受到的歧视甚至暴力。第一类报道的表述相对中性，对美国应对恐怖主义的国家安全行动仅做描述性说明而不过多评价。第二类报道则多以双重观点呈现，既有报道通过穆斯林宗教活动中心的选址屡次受阻等例子来说明"9·11"事件后恐怖主义对穆斯林带来的严重影响；又有报道提到，这种极端不公正的对待同时成为穆斯林从政的动力。

（二）英国广播公司的报道框架

1. "9·11"事件的20周年纪念仪式

在英国广播公司的相关报道中，基于纪念仪式主题的报道数量最多。其中一类报道以包括美国现任及历任总统在仪式上的发言、民众的纪念行为等传达美国民众铭记遇难者、坚持和平与反恐的"团结"信念，渲染"9·11"事件给人们内心带来的苦痛。同时，多篇相关报道都提及英国女王与总理对"9·11"事件的感同身受，强化英美两国打击恐怖主义的一致态度，多次强调"恐怖主义无法撼动民主与自由"，强调英国和美国所属的西方价值共同体，以及在反恐问题上的"盟友"关系。另一类报道则从个人视角唤起集体的创伤记忆，重在还原"9·11"事件事发当天的情景，通过"9·11"事件英国亲历者口述的回忆，以更具象化的方式唤醒人们的记忆。这两类报道在信源选取、叙事策略及报道主旨方面均注重寻找英国与美国在"9·11"事件中的关联点，强调英国民众经历了同样的悲痛，对全球反恐持有一致的立场。

2. 对阿富汗战争的解读

英国广播公司对于阿富汗战争的报道多集中在跟进最新局势、分析美国与塔利班战略方面，较少将"9·11"事件与阿富汗战争联系在一起。符合条件的报道则侧重于解答三个问题：阿富汗战争是如何开始的？英国在其中的角色为何？为何战争持续了20年？

解读战争爆发的原因时，英国广播公司强调基地组织对此的责任及其与阿富汗塔利班政权的关系，把阿富汗战争提升至"全球反恐战争"，间接将其合理化。分析英国在阿富汗战争中扮演的角色时，报道重点强调它与美国的"盟友"关系，以及英国在维护阿富汗和平局势方面作出的努力。提及战争持续20年的问题时，报道将战争持续的原因归结为"塔利班的袭击还在继续，英美驻军无法放任其离开"，强化英美等国对阿富汗采取的一系列措施的"危机驱动型"特征。在报道英美撤军阿富汗一事时，英国广播公司强调民众坚信阿富汗的和平只能通过协商而非战争来实现，将英美撤军合理化为一个"和平的约定"，借此淡化英美黯然退场的负面形象。

3. "9·11"事件后恐怖主义的影响

在此议题上，报道跟进了美国联邦调查局（FBI）针对"9·11"事件幕后操纵者的最新调查结果，指出"9·11"事件袭击者和沙特官员之间的关联，以旁观者的视角对美国和沙特的未来关系作出观察与预测。同时，英国广播公司通过引用美国政府官员、美国联邦调查局等官方信源来佐证种种阴谋论的不可信；引用遇难者家属对"9·11"事件主犯的愤怒表达，指出对于"9·11"事件的始作俑者而言，永远不存在"公正的判决"，借此回应关于美国暴力审讯的争议。此外，针对阿富汗政治局势的变化，相关报道重点分析英国与美国在未来反恐工作中的角色，强调"9·11"事件后英美等国在反恐问题上已形成一致立场，目前两国需要总结反恐20年来的经验与教训。

（三）《世界报》的报道框架

1. "9·11"事件的20周年纪念仪式

《世界报》对纪念仪式议题的报道框架可分为三个层面：第一个层面，描述美国领导人与民众的纪念仪式与过程，引用领导人在纪念仪式上的发言或直接描述的纪念方式，塑造了一种全民参与的媒介仪式；第二个层面，回顾"9·11"事件当天恐怖袭击的状况，这类报道则引用目击者、救援人员或幸存者的言论，展示事故现场的照片或视频，唤醒民众的记忆；第三个层面，结合欧洲的集体记忆事件（柏林墙倒塌事件），从西方价值共同体的角度构建跨国身份认同，呼吁共同捍卫民主、自由与团结的世界。

2. 对阿富汗战争的解读

《世界报》对阿富汗战争议题的报道多集中在描述美国20年来军事战略对美国社会与伊斯兰国家所造成的后果。一方面，因反恐战争造成的伤亡人数和巨额资金投入导致美国社会反对声音突出，且对伊斯兰教徒的敌视和审查、对嫌疑人的酷刑等也令美国社会走向民主与平等的对立面；另一方面，伊斯兰国家的民众生活在无休止的战争迷雾中，大量民众选择逃离自己的国家，此类报道多集中抨击美国的军事举措和反恐战略给伊斯兰国家带来了无妄之灾。

3."9·11"事件后恐怖主义的影响

借由"9·11"事件20周年的议题，《世界报》着重回顾了法国境内发生的一系列恐怖袭击事件，并结合2015年法国《查理周刊》因宗教类讽刺漫画而遭遇恐怖组织袭击等事件，论证美国"9·11"事件后恐怖主义在欧洲的盛行。此外，美国的系列反恐举措也给世界带来了副作用，如情报监控系统导致其他国家的主权被削弱，对嫌疑人采取的极端审讯手段摧毁了民主、自由和平等的价值体系，令美国乃至世界仍处于各种不安全因素之中。

（四）半岛电视台的报道框架

1."9·11"事件的20周年纪念仪式

半岛电视台对美国"9·11"事件20周年的纪念报道框架相对较少，多集中在对美国领导人及各地民众纪念仪式情况的客观描述上，或引用美国总统拜登在纽约主持"9·11"事件纪念活动时公开发表的言论及幸存者、目击者等的言论，或再现现场的照片来回顾"9·11"事件当天的经过。围绕这一框架，半岛电视台的多篇报道尤其热衷借助影视图像来叙事，从而以具象化形式将20年前的灾难现场与当下的纪念仪式现场进行时空连接，如借助当时在场摄影师的镜头再现双子塔楼被轰炸后的惨状，并呈现当下美国领导人在纽约纪念广场或93号航班纪念馆等城市公共纪念空间的悼念情景以及其他民众在各地消防站纪念牺牲消防员的情景，提示公众"任何国家、文化和种族都应该避免这种创伤的再现"。

2.阿富汗战争的解读

在阿富汗战争议题上，半岛电视台的报道框架主要集中在两个方面上：一方面，围绕"美国是否打赢了反恐战争"这一问题，指出自美国反恐战争以来，世界各恐怖组织不仅在地理空间上大规模扩散，而且在意识形态层面蔓延至非洲、中东和亚洲等地区；同时，通过列出美军在阿富汗战争中的死亡总人数、军队建设开销等关键数据，历数美国反恐战争经过四任总统指挥、历经20年仍未取得关键突破，指出美国尽管撤出阿富汗，但这场反恐战争仍未结束，甚至将成为"一代人的战争"。另一方面，报道还涉及美国反恐战争不仅对阿富汗和伊拉克等涉战国家具有负面影响，多年来的军事动荡还给世界带来了更多不安全因素。

3."9·11"事件后恐怖主义的影响

在论述"9·11"事件后恐怖主义的影响方面,半岛电视台的报道框架集中在呈现恐袭事件对美国穆斯林、美沙关系和美国国际地位的影响上。首先,"9·11"事件后美国社会对穆斯林的仇视情绪不断被激化,导致在美穆斯林的处境恶化、美国反穆斯林仇恨犯罪激增、白人民族主义高涨,加剧了美国社会割裂。其次,还有部分报道呈现了"9·11"事件后美国与沙特阿拉伯的外交关系发展,由于在"9·11"事件的19名劫机者中有15人是沙特公民,围绕沙特阿拉伯是否参与策划恐袭,美沙之间陷入长达20年的外交阴影。最后,半岛电视台讨论了"9·11"事件后美国在国际体系中的角色和地位变化,指出"美帝国正在衰落",并结合中国梦正在加紧实现的背景,反思世界各国应如何和平地实现共同发展,避免战争重演。

(五)《纽约时报》、英国广播公司、《世界报》、半岛电视台的报道框架比较

从数量上来看,四家媒体报道框架的分布如表1所示,《纽约时报》、英国广播公司和《世界报》关于"9·11"事件的20周年纪念仪式报道框架所占比重最大;半岛电视台和《世界报》都较为关注"9·11"事件后恐怖主义的影响;而各媒体关于阿富汗战争的解读的关注度均相对较低。

框架数量的设置反映了不同媒体对议题的关注程度,更体现了其背后的国家利益。《纽约时报》、英国广播公司和《世界报》对"9·11"事件20周年纪念仪式的强化,体现其构建集体记忆、加强国家共识的目的;而半岛电视台对"9·11"事件后恐怖主义的影响的关注,与其在美国反恐战争中发挥的中介效用不无关系。

表1 《纽约时报》、英国广播公司、《世界报》和半岛电视台报道框架分布

单位:%

主题	《纽约时报》	英国广播公司	《世界报》	半岛电视台
"9·11"事件的20周年纪念仪式	62.7	69.2	40.6	25.9
阿富汗战争的解读	7.8	3.8	21.8	22.2
"9·11"事件后恐怖主义的影响	29.4	26.9	37.5	51.8

1. "9·11"事件的20周年纪念仪式——超越国家形态区隔的反恐共识

恐怖主义给各个国家的发展和世界和平带来了共同威胁，反对恐怖主义成为各国共识。同处于西方价值体系当中，英、美、法利益指向一致，在"9·11"事件的20周年纪念仪式话语包上呈现出高度的框架共鸣。见诸媒体的纪念仪式框架多以国家表达和转述个体话语的方式构建集体的创伤记忆，表达对"9·11"事件的悲痛和坚定的反恐意向，由此形成超越国家的共同体价值观念，塑造了一种共通的意义空间。

具体来说，《纽约时报》重在构建集体记忆，意图加强其国家内部的团结和认同；英国广播公司的报道一方面意在引导本国民众的创伤唤起，另一方面则强调英美面对灾难的共性与联系，传达两国一致的反恐立场和自由民主的价值共识；共处于西方价值体系中的法国《世界报》，也以声援、同情等表达建立身份共识；半岛电视台的报道则相对中性，在客观的事实呈现之外没有传递出对美国的情感认同和支持。

2. 阿富汗战争的解读——身份迥然引发的框架碰撞

在阿富汗战争事端上，四家媒体的所属国以发起者、同盟者、旁观者、中间人的不同身份和不同利益指向形成了两种走向不一的报道偏向。

在阿富汗战争中，美英形成战略同盟，报道偏向总体一致。作为战争发起国，美国始终秉持其"建制下的多元主义"对外输出策略，《纽约时报》的报道多规避其地缘霸权的政治目的、战争消极影响等议题，在一个合法化框架之内呈现相对温和的冲突观点，维持相对正面的国家形象。基于美国同盟者的身份，英国广播公司仅有的报道基本出于在涉战问题中耦合的两国利益，表达战争行为的合法。

作为旁观者，法国他者视角的选择与美法在涉及反恐问题上的利益冲突相关。法国就伊拉克军事打击问题与美国存在矛盾，面对同为"反恐"名义下的阿富汗战争，《世界报》的议题设置多以旁观者视角指出美方军事策略的失败，批判其对伊斯兰国家产生的负面影响。

半岛电视台的报道同样强调美方的战略失败和后果，但其论述的身份出发点有所差异。回顾阿富汗战争始末，卡塔尔始终扮演着重要的中间人角色（半岛电视台甚至播放过本·拉登提供的视频），但在具体反恐问题上与美国也存在较大分歧。卡塔尔反对美国将"反恐战争"扩大化的单边主义做法，这一分歧在涉战报道中有所体现。

3. "9·11"事件后恐怖主义的影响——基于地缘各自建构议题

恐怖主义影响波及世界，在介入此话语包时，各国基本上关注恐怖主义对所在国家或地区的影响，各自形成议题。《纽约时报》关注安全行动和种族歧视等国内对恐怖主义的反应，整体形成中性表述，维持自身形象；英国广播公司反驳针对美国的"阴谋论"及暴力审讯问题，讨论英美两国反恐行动的发展方向；《世界报》批评美国过激的反恐举措，关注恐怖主义给法国、欧洲造成的负面影响；半岛电视台的报道议题则集中在"9·11"事件后美国对穆斯林的歧视而带来的社会割裂，以及其与阿拉伯国家的外交关系恶化上。

五、结论与讨论

"9·11"事件是人类文明的悲剧，表现为恐怖主义对世界和平造成了不可磨灭的影响。"9·11"事件后，美国发起的长达20年的阿富汗战争深刻地影响了由彼时至今的世界格局，恐怖主义以及反击恐怖主义的余韵在这长达20年的进程中从未消散。

作为一起典型的"全球符象事件"的记忆建构者，国际媒体在"9·11"事件20周年的报道话语中所选择的不同框架深深植根于国与国之间的利益关系，而悲剧事件本身也被解构出多重意味。尽管共有价值体系的西方诸国都在深描创伤以建构集体记忆和塑造反恐共识，其内部也因利益指向的不同在特定框架上产生了冲突，而看似身份对立的中东国家，因受其外交政策的影响，也以特定立场构建了媒介框架。

该案例对于我国对外传播也具有参考价值。在国际形势遽变的当下，我们应当深刻意识到，国际关系等政治因素的介入对国家话语表达具有深刻的影响，即各国利益角逐下的现实形塑着传播的话语形态。在此境况之下，我国的对外传播一方面应当积极寻求利益的交集，在交集之上对传播话语进行构建；另一方面应以人类命运共同体的理念建立国与国之间共同的意义空间，唤起全人类层面的价值共识，为我国的对外传播建设开拓新的思路。

第三编 平台战略

平台社会语境下中国网络国际传播的战略和路径＊

国际传播能力既是国家软实力的重要组成部分，又是现代国家能力的重要体现。我国逐渐走向世界舞台中心，在全球政治、经济事务和文化交往中发挥越来越大的作用，更加需要建构与国家实力匹配的国际传播能力。自2009年提出"国际传播能力建设"以来，我国对外传播工作就立足全球化、网络化、数字化，在传播主体、内容、话语形态和渠道等方面，不断探索效果路径[①]。尽管国际舆论场对我国的认知角度和立场呈现出立体化、多元化的趋势，但总体上，中国道路、中国经验和中国主张常常被西方主流媒体质疑和扭曲。

2021年5月31日，中共中央政治局就加强我国国际传播能力建设组织集体学习，习近平总书记强调提升国家参与全球传播能力的重要性，并提出"展示真实、立体、全面的中国"的重要任务。这一要求主要基于全球权力格局与全球传播秩序的深刻变革，对国际传播提出全新要求和进行系统阐述。当前，世界形势正在经历前所未有的变革，全球政治和经济权力正在逐渐从西方转向东方，逆全球化、民粹主义、贸易保护主义抬头。以互联网、社交媒体和人工智能为代表的信息技术革命，正在重塑全球传播景观，尤其是脸书（Facebook）、推特（Twitter）、油管（YouTube）等超级互联网平台正在逐渐主宰全球传播，打破了原先主要由专业新闻机构和影视文化产业所主导的国际传播模式。

因此，我们有必要在新的全球信息传播秩序语境中，重新思考我国网络国际传播的战略和路径选择。一方面，互联网平台已成为全球信息流动与成员交流互动的公共空间。互联网平台为我国国际传播提供了新的话语实践空间，有助于扭转我国主流媒体在国际传播能力方面存在的劣势。另一方面，互联网平台并非中立的"线上内容中介"，而是蕴含特定价值偏向与价值规范的技术人造物（technological artifact）及具有强大实践后果的行动者。作为经济组织，大型互联网平台是国际传播的重要行动者和

＊ 张志安，李辉.平台社会语境下中国网络国际传播的战略和路径［J］.青年探索，2021（4）：15-27.
① 钱正元，李玉轩.党的十八大以来我国对外传播研究的热点、趋势及展望——基于CiteSpace的计量分析［J］.浙江树人大学学报（人文社会科学），2020（6）：86-92，109.

国际传播新秩序的重要构建者,主要由美国互联网平台主导的全球网络传播,正在将原来东西方间不平等的国际传播结构向网络空间迁移并放大。为改变由美国互联网平台所主宰的全球传播秩序,构建更为公平、公正的全球传播秩序,我国需要在平台社会语境中重新思考国际传播战略与路径选择,通过互联网平台把讲述中国故事纳入全球公共话语和平台公共领域的对话。

一、平台社会的主要特征

平台是指一种旨在组织各类第三方用户之间交互的可编程的数字体系结构。在技术层面,它指向诸多可兼容的应用程序所依赖的硬件构架,允许第三方基于这个构架开发新的功能,具有基础性、可靠性和不可见性。在经济和社会层面,平台则指向把第三方行动者联系起来的开放和互动的数字空间。

何塞·范·迪克(José van Dijck)等辨识了"平台逻辑"的三大机制,即数据化、商品化和选择性。"数据化是把社会行动转变为线上描述的(qualified)数据,从而可以做实时追踪与预测性分析[1]。商品化就是平台将用户线上线下目标、活动、情感和观念转化为可交易的商品。这些商品可通过注意力、数据、用户和金钱四种通货来估价[2]。选择性是指平台通过界面(interface)和算法来触发和过滤用户活动,从而影响特定内容、服务和人员对用户的可见性和可用性。选择性主要由个性化(推送)、趋势与声誉("你可能喜欢"或"你关注的人都在看"决定服务的等级评分制度)、审核与管理(如平台法规、审核技术与程序等)三部分构成。平台的经济逻辑就是"从收割和改变数据用途的能力中衍生出其商业模式"[3]。这一商业模式最看重快速扩大规模并从用户数据痕迹中攫取利润[4]。所以,平台通过一种参与式文化卷入用户,并且使用代码和数据分析来实现商业模式。何塞·范·迪克结合平台的技术、经济、社会特征,认为互联网平台都以数据为推动力(fueled by data),通过算法与界面进行自动运转与组织,

---

[1] VAN DIJCK J. Datafication, dataism and dataveillance: big data between scientific paradigm and ideology [J]. Surveillance & society, 2014, 12(2): 197-208.
[2] VAN DIJCK J, POELL T, DE WAAL M. The platform society: public values in a connective world [M]. Oxford: Oxford University Press, 2018: 37.
[3] VAN DIJCK J, POELL T. Understanding social media logic [J]. Media and communication, 2013, 1(1): 2-14.
[4] LANGLEY P, LEYSHON A. Platform capitalism: the intermediation and capitalization of digital economic circulation [J]. Finance and society, 2017, 2(1): 11-31.

并通过产权关系实现正规化，以用户服务协议进行规制①。

平台逻辑决定了它具有一定的"殖民性"，也支配了 21 世纪以来互联网的发展历程。苹果、亚马逊、谷歌、脸书与微软等公司控制信息传输节点，超大型平台逐渐演化为类似交通、电力设施、邮政和电信等的社会基础设施。移动网络技术发展对平台的兴起具有革命性影响，它使地理定位和其他感知数据可以被商业化使用，它也进一步推动了超级互联网平台的基础设施化趋势。其中，数据化是驱动过去独立运行的单个程序、网站、博客、社交媒体和商店演化为平台的关键。学者们把互联网的这一演化称为"平台化"②或"平台力"（platformativity）③。在平台逻辑的支配下，平台从微观层面的单一平台、中观层面的"平台生态"，最终演化为宏观层面的"平台社会"。单一平台指如健康、教育、新闻、交通等提供数字服务的部门平台（sectoral platforms）。以上五大超级平台提供的产品与服务全面覆盖了公众数字生活的各个层面，共同构成了"平台生态"，而且，经由各自的技术架构与服务条款重塑了用户数字生活的基本方式。因此，平台也是一种行政机制（administrative mechanisms）④，具有政治属性和社会属性。在宏观层面，随着互联网使用的移动化和多场景深入，出现"社会和经济的流动（traffic）越来越受一种受算法驱动和数据推动的（不可抵挡的、全球性的）在线平台生态系统的引导"的社会⑤。何塞·范·迪克称之为"平台社会"，并认为"平台不是反映社会，而是生产我们所生活的社会结构"⑥。

乔纳斯·安德森·施瓦茨（Andersson Schwarz Jonas）提出用"平台逻辑"概念来思考平台与传统"媒介逻辑"的差异⑦。平台逻辑与操纵用户主义的方式有关，意味着平台并非很多社交媒体经营者所宣称的"线上内容托管中介"，为社会提供了传播、互动和商业交易的机会，而是公共话语的策展人（curators），"它们对于可以显现什么、如何组织以及如何兑现、下架什么内容以及下架的原因，容许和禁止的技术构架等的

---

① VAN DIJCK J. Datafication, dataism and dataveillance: big data between scientific paradigm and ideology [J]. Surveillance & society, 2014, 12 (2): 9.
② HELMOND A. The platformization of the web: making web data platform ready [J]. Social media & society, 2015, 1 (2): 1-11.
③ HANDS J. Introduction: politics, power and "platformativity" [J]. Culture machine, 2013, 14: 1-9.
④ CAPLAN R, BOYD D. Isomorphism through algorithms: institutional dependencies in the case of Facebook [J]. Big data & society, 2018, 5 (1): 1-12.
⑤ AN DIJCK J. Datafication, dataism and dataveillance: big data between scientific paradigm and ideology [J]. Surveillance & society, 2014, 12 (2): 4.
⑥ AN DIJCK J. Datafication, dataism and dataveillance: big data between scientific paradigm and ideology [J]. Surveillance & society, 2014, 12 (2): 2.
⑦ ANDERSSON SCHWARZ J. Platform logic: an interdisciplinary approach to the platform-based economy [J]. Policy & internet, 2017, 9 (4): 374-394.

选择，都是对于公共话语的轮廓实实在在和实质性的干预"①。

近些年，在数字文化中所发生的重要变化就是超级数字媒体平台的兴起，它们成了其他类型数字媒体的基础设施②。何塞·范·迪克等人认为，"社交媒体的第一个十年已经产生了在线基础设施，它正在深刻地塑造社会组织的方式以及塑造公众的生活方式"③。脸书这些较为成功的社交网络（SNS）正在演化为平台，并通过变成其他数字媒体的基础设施来不断"殖民"其他社交网络④。因而，平台化的社交网站累积了支配日常数字传播的极大权力。随着"对于网民的日常生活越来越重要的媒介环境受到公司实体（平台）的支配（基础设施）"，社交媒体平台正在走向"基础设施化"⑤，极大地影响了传播的权力结构。平台运营者使用数据从连接人、内容和服务中驱动利润，他们正在变成"文化与日常生活的工程学（engineering）中的调节者（mediators）"⑥。以近用性、连接性、商业性、网络效应为主要特征的平台，作为一种全新的传媒形态登上历史舞台，以海量用户为基础形成了中介枢纽。一方面，它们为内容生产者提供生产与发布的工具和平台；另一方面，以社交、算法、人工编辑等方式将海量内容精准分发到用户。平台作为整个社会网络化信息传播的重要枢纽，不再是"纯粹的信息所有者"，而是"正在变成社会基础设施的所有者"。⑦

社交媒体平台的基础设施化为传统新闻业的信息传播模式和生存方式带来深刻挑战。以脸书（Facebook）、色拉布（Snapchat）、谷歌（Google）和推特（Twitter）为代表的科技公司迅速取代大部分传统媒体角色，并通过对分发渠道的控制很大程度上主宰了新闻业的存在形式和发展模式。早在2014年，《纽约时报》负责技术与产品开发的原员工乔纳森·格里克（Jonathan Glick）将"某种介于出版商和平台之间整合了两者力量的东西"称为"平台型媒体"（platisher）⑧。2017年，哥伦比亚大学新闻学

---

① GILLESPIE T. The politics of platforms［J］. New media & society, 2010, 12（3）: 347-364, 359.
② HELMOND A. The platformization of the web: making web data platform ready［J］. Social media & society, 2015, 1（2）: 1-11.
③ VAN DIJCK J, POELL T. Social media and the transformation of public space［J］. Social media & society, 2015, 1（2）: 1-5.
④ HELMOND A. The platformization of the web: making web data platform ready［J］. Social media & society, 2015, 1（2）: 1-11.
⑤ PLANTIN J C, LAGOZE C, EDWARDS P N, et al. Infrastructure studies meet platform studies in the age of Google and Facebook［J］. New media & society, 2016, 20（1）: 293-310.
⑥ VAN DIJCK J. The culture of connectivity: a critical history of social media［M］. Oxford: Oxford University Press, 2013: 39.
⑦ SRNICEK N. Platform capitalism［M］. Cambridge: Polity Press, 2016: 96.
⑧ GLICK G. Rise of the platishers［EB/OL］.（2014-02-07）［2021-06-24］. https://www.vox.com/2014/2/7/11623214/rise-of-the-platishers.

院数字新闻中心针对科技公司对新闻业的影响发布的研究报告,被称为"平台新闻"(platform press)①。

国内学者基于新闻业变化,提出了"内容产品的平台化"②和"平台型媒体"概念,即其功能不再局限于新闻等公共信息和大众娱乐内容的生产和发布,而是将通过整合线下各个方面的生活场景,搭建应用平台的基础框架,最终形成聚合各种应用的生态级媒体平台。互联网平台将抢占流量作为战场,各自通过自建生态的方式,不断拓展运用场景边界和流量入口③。互联网平台的"生态化"发展模式已成一种普遍现象,而媒体平台化,也需要通过服务受众来建构高效活跃的媒介场景。好的媒介场景设置,能够变成信息流、关系流和服务流的新入口,信息、关系、服务在平台上的流动、汇聚,能形成强势流的平台,具有入口的潜力,从而使空间信息流、关系信息流、时间信息流得以更好地整合④。

二、平台社会对国际传播的影响

随着移动智能设备的发展,全球社交网络用户持续增长。市场数据统计门户(Statista)的数据显示,截至2021年1月,全球社交媒体用户已超过42亿,占全球人口的三分之一,其中又以西欧和北欧用户的渗透率最高。脸书(27.4亿)、油管(2.291亿)、瓦次普(WhatsApp)(20亿)、脸书即时通(Facebook Messenger)(13亿)、照片墙(Instagram)(12.21亿)、微信(12.13亿)、抖音国际版(TikTok)(6.89亿)为全球用户规模较大的社交媒体平台。其中,照片墙是照片分享最流行的社交网站,脸书是最流行的内容分享网站,油管在美国是Z世代和千禧一代网络用户最多的社交媒体平台。

随着移动互联网的深入普及和数字化生活场景的深度嵌入,"人人都有麦克风"的传播格局进一步向"广泛连接""永久在线"的趋势深入发展,社会呈现出高度媒介化特征。全程、全息、全员、全效媒体使媒介化生活与真实生活融为一体,并以全景化、

---

① BELL E J, OWEN T, BROWN P D, et al. The platform press: how Silicon Valley reengineered journalism [EB/OL].(2017-03-29)[2021-06-24]. https://www.cjr.org/tow_center_reports/platform-press-how-silicon-valley-reengineered-journalism.php.
② 张志安,李霭莹.变迁与挑战:媒体平台化与平台媒体化——2018中国新闻业年度观察报告[J].新闻界,2019(1):4-13.
③ 宋建武,彭洋.媒体的进化:基于互联网连接的平台型媒体[J].新闻与写作,2016(8):5-9.
④ 彭兰.场景:移动时代媒体的新要素[J].新闻记者,2015(3):20-27.

碎片化方式嵌入日常生活领域。大型社交媒体平台已成为国际传播实践的重要渠道和空间。传播的社交化、视频化、智能化趋势，使平台社会语境下的国际传播呈现出新的特征。

（一）内容形态边界的模糊和国际传播元素的交织

通过不断拓展场景边界和流量入口，互联网平台的"生态化"发展模式已成一种普遍现象，这使资讯、娱乐、消费、社交呈现出场景化的符号与意义内涵。这一状况，一方面使内容形态与消费的边界模糊。特别是以青年群体为主体的网络空间，其内容消费的景观化更为明显地推动了网络内容边界的模糊化；另一方面其也使内容的空间边界模糊。安东尼·吉登斯（Anthony Giddens）提出，"脱域"是现代性的基本特征，社会主体身份建构脱离了其所置身于地方的经验社群，进入了全球混杂、流动、碎片化的经验场景[1]。主流社交网络通常有多种可用语言，使用户与跨越地理、政治和经济边界的人连接，全球网络空间互动使所谓铁板一块的"中国互联网内容"不复存在。全球网络空间有诸多中国元素，中国网络空间也有大量全球化元素，内容空间既连接又隔断。国际传播进入了"新全球化"时代，新闻信息和文化内容的多向流动与杂糅、融合已成为新常态。

内容边界的模糊，对国际传播具有重要影响。全球化和网络化的交织弱化了个体对原有社群的"一以贯之的稳定的依附性"[2]，既破坏了社群，带来了身份认同危机，同时又强化了个体在异质、流动、动态的媒介化全球文化空间中寻求认同的需要。安东尼·吉登斯提出"脱域的社群"（disembeded community）概念，认为失去传统地方社群联系和依附的现代人，需要在一个"脱域"空间即对自身而言是"个人切身社会环境（personal milieu）"中建构身份认同并形成新的社群。马丁·阿尔布劳（Martin Albrow）也认为，原有的地域性社群已经对人们的生活没有实质意义，无法阻挡其消弭，地域性社群提供的传统同质化的单一身份不现实，还不如关注可能延伸到全球却依然与具体个人真切的日常生活紧密相连的"个人切身环境"[3]。这一"个人切身环境"越来越依赖于已成为社会基础设施的各类互联网平台。因此，单一的文化叙事已经无力承载多元化的认同需要。依托互联网公共空间提供的资讯、社交、娱乐、消费等场

---

[1] 吉登斯. 现代性的后果[M]. 田禾, 译. 南京: 译林出版社, 2000.
[2] LECHNER F J. Redefining national identity: dutch evidence on global patterns[J]. International journal of comparative sociology, 2007, 48（4）: 355-368.
[3] 阿尔布劳. 全球时代: 超越现代性之外的国家和社会[M]. 高湘, 冯玲, 译. 北京: 商务印书馆, 2001.

景进行创作和共同分享,更是青年群体实现自我价值、社群认可和社交获取的重要方式。史安斌、盛阳提出"转文化传播",认为原有"跨文化传播"理论架构已经无法充分把握当今全球社会与文化现实,"转文化传播"才能理解全球文化的杂糅、互动、交流、融合[①]。

(二)视频化成为资讯传播的主流与服务的基础

视频化已成为驱动互联网用户增长的重要动力,应用场景不断拓展到新闻、电商、政务传播及其他文化娱乐生活,并逐渐成为其他网络应用的基础。用户观看短视频也呈现出"全景化"特征,并且成为用户日常生活的一部分。此外,短视频平台通过人工智能赋能创作与观看,使用户体验不断提升,用户黏性不断增强。随着平台内容的不断丰富和完善以及用户体验的升级,用户更加倾向于从头部平台获取短视频内容。

"数字化时代的到来意味着人类由读写时代进入了视听时代,表征着人类正面临着一场真正的革命,而革命的起点则是人的感性的革命。"[②]这种感性革命是立体的、彩色的、流动的,音视频更能深入现场和以"人格化"的个性方式展演。意识形态和价值观的出场不再以单调的文字为主,而是在各种信息终端感性的界面上呈现多媒化的感性信息。随着视频化、社交化、算法推荐的发展,短视频平台用户互动需求与参与度更高,而娱乐、美食、文化、旅游、城市类等场景类内容更容易通过短视频形成裂变式传播。例如,抖音国际版发起过众多关于中国文化、旅游的标签挑战。国际用户参与"这里是中国""带我去西安"等标签挑战,很好地刺激了他们的创作欲,丰富了中国形象的内容池。

短视频融合的视觉化和碎片化信息处理方式,也更契合年轻受众的阅读爱好,特别是大型平台能够吸引青年群体在短视频平台分享、社交和自我展示。短视频平台内容涵盖了青年群体所热爱的、内容丰富的日常生活的方方面面,从美食、出行、品位格调、游戏娱乐到宠物、风景、小技能、音乐等,无不寄托了青年人的情感诉求、身份认同和社交需求,满足了青年人分享、参与和交流的需要。随着5G、VR/AR 传播时代的到来,传播的视觉化转向会促使流媒体平台进一步朝视频化方向加速发展。

---

① 史安斌,盛阳.从"跨"到"转":新全球化时代传播研究的理论再造与路径重构[J].当代传播,2020(1):18-24.
② 齐鹏.数字化时代:人类感性方式的第三次革命[J].河北学刊,2003(5):45-48.

（三）技术驱动下国际传播行动主体的多元化

如何寻找"中国故事"的元素及其叙事，这一直是中国国际传播的核心问题。传统上，对外传播基于以"民族—国家"为整体的单一价值形象去寻找渠道与表达主体。在社交媒体兴起和媒体融合的趋势下，我国主流媒体的国际传播也在强调多层次、分众化、立体式、情感化、日常生活化的传播，但实际上表达出的仍然是相对单一的价值形象，甚至国际传播思维也要求各类传播主体承载这样一个统一的、抽象的故事主题。尤其是在当今西方兴起反现代性、反传统、反权威的文化场景下，碎片化、杂糅、融合的文化与异质性社群的存在，是以反单一整体价值观为前提的。

生动、立体、全面、真实的中国价值和中国形象也交织着传统与现代、本土与异域的丰富元素。从文化传播来讲，特别是在现代公共外交的语境下，要求某一单一传播主体尤其是网民个人去传播完整的国家形象，既不现实也不必要。中国作为"铁板一块"的整体，在世界舆论场中已经烙印上一系列负面形象，一个"模糊"的中国形象在当下国际传播话语中反而是有利的。模糊掉"民族—国家"的界限，展现出内部的多元性，更有利于改善外国公众对中国的认知。

因此，"中国故事应该是一个开放的叙事空间"。国际传播要"打造融通中外的新概念、新范畴、新表述"，需要重新思考"中国故事"及其多样的叙事表达。有学者提出，人工智能亦可在某种意义上成为一种非人类（non-human agency）叙事主体，人类行动者与平台、算法、机器等非人类主体共同参与跨文化叙事[①]。喻国明认为，除了个人生产内容（UGC）、机构生产内容（OGC）、专业生产内容（PGC），"5G之后还会出现一个更重要的生产类别——技术生产内容（MGC）"[②]。机器有望实现识别、学习、读懂甚至回应人类情绪，以破解情感计算谜题，实现与人心灵的交互[③]。就平台社会语境而言，基于社交平台的大规模创造性叙事为深藏于平台背后的"算法"提供了深度学习和不断成长的养料，将成为"中国故事"再生产和再传播的又一新源泉[④]。实际上，"技术在主体建构和社会建设中起着关键作用。"[⑤]对于平台社会的国际传播而言，有必要把行动者的技术和网络理论（Actor—Network Theory，ANT）引入研究和实践。

---

① 周翔，仲建琴. 智能化背景下"中国故事"叙事模式创新研究［J］. 新闻大学，2020（9）：79-94，122.
② 喻国明. 5G：一项深刻改变传播与社会的革命性技术［J］. 新闻战线，2019（15）：48-49.
③ 吴飞. 人工智能终可"识别人心"［J］. 人民论坛·学术前沿，2020（1）：16-29.
④ 周翔，仲建琴. 智能化背景下"中国故事"叙事模式创新研究［J］. 新闻大学，2020（9）：79-94，122.
⑤ 马修曼，孙中伟. 米歇尔·福柯、技术和行动者网络理论［J］. 国际社会科学杂志（中文版），2014（4）：6，10，100-114.

三、运用平台进行国际传播的战略和路径

国际传播应把握好整体性和差异化,构建价值观多元、主体多元、渠道多样、视角多重的"复调"传播格局,这已成为学界对中国国际传播的共识目标①。关于国际传播的新思考、新概念、新路径,学界已有不少研究成果②,但是把平台社会作为语境和方法来讨论国际传播战略和路径选择的研究还不多见。我们认为,应该加强对平台社会语境和平台逻辑的把握与理解,进一步发挥各类行动主体在互联网平台上的对外传播能力,着眼于中长期,形成多层次、立体化、可持续的网络国际传播力量。就战略和路径选择而言,平台社会语境的网络国际传播,可重点从以下几方面切入。

(一)激发不同参与主体参与网络国际传播,强化主流媒体社交账号运营的平台思维

我们要鼓励国际传播主体充分根据自身资源和特点,合理分配不同的话语主体,形成多层次、多主体、多元化、多价值传播视角。有学者指出,"理想的状态也不应是官方的主体地位强势,其他主体地位弱势,而是应由政府官方、传媒、(跨国)企业、非政府组织/民间社团以及公民个体等,共同组成国际传播的多元主体"③。目前,我国对外网络传播的主体日渐多元化,但也存在对外传播内容、技法相对单一的问题。这些问题在一定程度上是由传播主体在对外传播活动中的角色定位不够清晰所致,角色定位不清晰也导致对传播主体抱有不合理的期待。多层次对外传播格局下,应该根据不同传播主体的位置和角色进行理性、建设性发言,尊重其所在专业领域的传播逻辑和规律,实现不同传播主体话语协同和多元互构。明确传播主体的角色和分工,将有利于丰富我国的对外传播话语,有助于不同传播主体增强其主体意识,从而提升我国对外传播内容的质量、专业性和个性化,促进国际社会多角度了解真实、复杂的中国。

以主流媒体为例,强化平台思维,增强社交媒体账号的互动性是当务之急。实际上,我国对外社交媒体传播主体依然是主流媒体。为适应全球传播网络化、数字化的新变局,我国传统主流媒体纷纷在海外社交平台进行对外传播。在移动优先的战略下,

---

① 唐润华,刘昌华.大变局背景下国际传播的整体性与差异化[J].现代传播(中国传媒大学学报),2021,43(4):75-79.
② 刘滢,伊鹤.回顾与前瞻:国际传播研究的新思考、新概念与新路径[J].新闻与写作,2021(3):86-90.
③ 胡智锋,刘俊.主体·诉求·渠道·类型:四重维度论如何提高中国传媒的国际传播力[J].新闻与传播研究,2013,20(4):5-24,126.

有的主流媒体还积极搭建自己对外宣传的客户端，引入平台化运营策略①。尽管在账号粉丝上存在明显优势，但"真正意义上的话语权，是指控制舆论的权力，话语平台的搭建，并非话语权已经实现"②。

一方面，受国外受众意识形态偏向的影响，"国外网民对中国官方机构和主流媒体存在长期偏见，以及西方受众也已对政府部门和专业媒体持较低信任态度，这使得官方背景的对外传播能力依然受限"③。我国媒体推出的内容很难形成"病毒式"传播，在全球化、移动化环境下难以形成高效传播④。另一方面，在个人化、社交化传播平台上，我国对外传播延续着传统媒体时代的格局。主流媒体各账号间、与他国友好账号之间互动性弱⑤。虽然主流媒体也在尝试发起对话，但由于互动意识不强、信息反馈渠道不畅通等没有形成真正的"对话"。传播内容的可读性和亲近性仍有所欠缺，推特也没有很好地承担起维持用户在场、维系对话关系的责任⑥。此外，主流媒体对海外用户行为与偏好的分析不够，导致为其量身定制个性化、垂直化服务尚未广泛普及，多数情况下还停留在传统一对多大众传播上，并未充分挖掘并展现出移动传播的优势。这些原因都限制了我国主流媒体在海外社交媒体平台上的传播力和影响力。

例如，汤景泰等人借助数据挖掘及数据可视化技术，分析了推特平台上围绕"一带一路"高峰论坛的传播数据，勾勒出"一带一路"在国际社交媒体平台上的传播网络结构。研究发现，新华社、央视"对整个传播环境的影响力或许十分有限"⑦。周翔等人运用社会网络分析法剖析推特用户围绕"一带一路"倡议所形成的关系网络以及我国媒体账号在此网络中的结构位置，揭示出我国利用社交媒体对外传播存在的问题。他们发现，我国对外媒体账号并未在整体网络占据核心位置，且因在推特上缺乏与其他节点的互动而未能充分将社会资本转化至场域，并形成广泛有效的信息扩散。如何从整体布局和具体路径上突破在全球社交媒体上的结构性劣势，并充分利用分散网络用户在信息扩散中的重要作用，将会是未来我国对外传播研究者需要思考的重要问题⑧。

---

① 张建华.主流媒体如何开展智能化对外传播——以新华社英文客户端为例［J］.对外传播，2021（1）：71-73.
② 郭光华.我国媒体国际传播能力构建路径探索［J］.现代传播（中国传媒大学学报），2015，37（5）：24-28.
③ 郭光华.我国媒体国际传播能力构建路径探索［J］.现代传播（中国传媒大学学报），2015，37（5）：24-28.
④ 单成彪，刘扬.我国媒体移动对外传播的现状与展望［J］.信息安全与通信保密，2017（9）：67-74.
⑤ 邵延鹏，甘险峰.对外传播中的社交媒体运营［J］.对外传播，2018（9）：48-50.
⑥ 周翔，户庐霞.我国主流媒体 Twitter 账号对外传播的对话问题分析［J］.现代传播（中国传媒大学学报），2019（6）：41-46.
⑦ 汤景泰，星辰，高敬文.论"一带一路"国际话语权的提升——基于首届"一带一路"国际合作高峰论坛 Twitter 传播数据的分析［J］.新闻大学，2018（5）：56-65，148-149.
⑧ 周翔，吴倩.场域视角下"一带一路"推特传播网络结构分析与反思［J］.中国地质大学学报（社会科学版），2019（2）：109-125.

此外，在内容方面，有学者发现中国国际电视台账号体现出强烈的宣传意图，容易引发受众的反感。在中国国际电视台账号主页面中视频内容还呈现出明显的软性化和娱乐化倾向，且时效性不足，传播效果并不理想。中国国际电视台将注意力过多放在我国以及周边，而对西方世界的关注过少，并且在涉外报道中大多采用中性描述，缺乏明确的意见指向。由此，中国国际电视台尚未建立对国际热点话题进行议程设置的主动权，这导致其影响力受限。

总的来说，以央媒为代表的我国主流媒体在海外社交媒体平台上的国际传播活动，在国际用户融入方法方面还有待改进。基于平台社会的语境，为提升我国主流媒体在海外社交平台的影响力和传播力，主流媒体除了坚守格调和培育媒体公信力，还应该把握平台思维，放眼全球受众，强化与受众连接和互动，积极回应海外用户关切的话题与议题；同时，在坚持品格、政治立场的原则下，以更为个人化、平等化的方式与海外用户交流，理解其思维和文化心理，转变话语方式与内容形态，使话语内容从简单的中国元素宣传转向更具当代性、人文性和复杂性的中国价值观塑造上。

也有学者提出需要建设适应新时代国际交流形势和对外传播需求的平台型媒体，并提出了媒体平台化时代对外传播者的素养重塑路径[1]。虽然平台已成为重要的对外传播阵地，但无论是商业互联网平台还是主流媒体平台，要释放出对外传播的效果，都需要建立在庞大的海外用户量和数据积累的基础上。除了商业互联网平台具备较大规模的海外用户，我国主流媒体在平台化成效上还有待发展。此外，主流媒体也需要把握海外不同平台的运营规则、调性差异，打造出自己的特色账号。例如，媒体平台应该深耕不同平台社群，强化其在某一区域的垂直属性和社区服务功能，建立与社区、个体之间的信任度。

（二）支持中国互联网平台的海外业务发展，提升中资企业的网络国际传播能力

利用海外社交媒体平台"借船出海"对于拓展我国对外传播渠道具有重要意义，甚至被认为可以"弯道超车"，绕开西方传统媒体在国际舆论场的声音垄断。但是，互联网平台对我国有官方背景的账号传播存在偏见从而加以封禁、审查，一定程度上限制了我国的对外传播活动。因此，把我国自有互联网平台发展壮大，"造船出海"被寄予了厚望。抖音国际版、微信、支付宝海外版、Helo（印度社交网站）、快手等平台已

---

[1] 邓秀军，刘梦琪. 媒体平台化背景下对外传播的场景转换与素养重塑［J］. 出版广角，2021（7）：21-25.

经拥有了庞大的海外用户基数，凭借我国互联网平台在人机交互、视频生产、算法推荐等技术方面的领先优势，我国在对外宣传方面越来越具有重要影响力。此外，网络游戏、网络音乐等互联网平台的出海步伐日益加快，尤其是数字游戏已经成为中国文化对外传播的新兴重要载体[①]。因此，应该继续鼓励我国互联网平台在海外做大、做强，最大限度上为其海外业务发展减少政策障碍。同时，无须急于利用这些平台的海外版进行政治传播或跨文化传播，以免因强化这些互联网平台的意识形态属性而给其海外业务运营带来风险。

此外，我国跨国企业应该结合自身业务和品牌形象，充分发挥海外资源和网络优势，积极借助互联网平台开展国际传播、讲好中国故事。北京师范大学新媒体传播研究中心发布的《2020中央企业海外网络传播力建设报告》和环球网海外传播中心与上海外国语大学中国国际舆情研究中心联合发布的《2020年央企国际传播影响力》显示，我国央企海外社交媒体发力运营，整体海外传播力进步明显。例如，东航在照片墙平台充分利用中华优秀传统文化元素开展对外传播，注重运用短视频形式，结合生动的话语表达展示中华文化与科技，具有良好的传播效果。中车集团通过展示京张高铁系列、"复兴号"下线系列内容传递中国制造形象，并通过展示我国保障运营服务、积极复工复产展现出中国负责任的大国形象。

不过总体上，我国央企充分利用海外社交媒体平台传播的能力整体依然较弱，大部分央企海外社交媒体账号建设依然空白。虽然央企入驻社交媒体数量逐年攀升，但互动有待提高。央企在国外头部视频平台油管入驻率较低，短视频传播意识有待提高。因此，应该推动更多企业结合自身的品牌特点在海外互联网平台上开展对外传播，尤其是强化央企开展网络国际传播的政治责任；同时，更要注重精心经营海外社交媒体账号，加大信息发布量、提高活跃度、精心设置主题和提高互动性、强化短视频传播意识；要注重提升企业传播主体的对外传播素养，鼓励部分央企与专业媒体或者市场机构合作，提升选题策划与制作水平，提升平台账号的经营能力[②]。

（三）培育各类网络意见领袖，鼓励青年网民通过海外互联网平台积极参与国际传播

网络意见领袖具有超级话语权是web 2.0以来显著的现象，从某些超级账号对传递中国文化形象的影响中可见一斑。网络意见领袖在平台社会的国际传播中将显现越来

---

① 何威.中国数字游戏对外传播的现状、路径与思考[J].对外传播，2021（2）：44-47.
② 喻杨，赖义羡.我国海外企业对外传播能力建设的现状与途径[J].中国记者，2018（10）：44-47.

越高的价值，其崛起与影响力的提升本身内嵌于互联网平台这一特殊媒介形式中，这是平台技术逻辑背后的社会逻辑基础。杨枭枭等人选择Quora（一款国外的知识问答软件）和油管等国际知名社交平台的样本对288位网络意见领袖进行分析，发现网络意见领袖和热门视频在社交媒体上的国际传播活动中发挥着重要作用，"提升在社区的活跃度和参与度""提高对中国相关议题的贡献度""改进发言内容的质量""关注社区网络传播技巧"等是提高网络意见领袖传播影响力的因素[①]。

从技术和题材、调性的把握来看，网络意见领袖的形成需要长期在平台社区中沉浸、积累，以及对其用户人群长期耕耘。深耕社区的个人化网络意见领袖，是以一种个体与个体之间的"人格化"方式进行传播和沟通，有助于优化官方机构对外传播的刻板形象。网络意见领袖的兴起一方面说明了在平台社会提升国际传播力必须做"人"的文章，重视融入社群与主题的互动性。另一方面，网络意见领袖的兴起需要商业模式运营来把握调性和支持内容的连续输出。为此，相关部门应深入研究我国"网红"出海的传播模式和发展路径，优化现有对外传播的题材、内容和风格，尊重"网红"出海的内容传播模式与商业运营机制，以保障优质对外传播内容池的可持续积累与输出。同时，相关部门可参照某些"网红"的成功模式，在微博、B站、抖音、微信公众号上发掘并打造跨文化网红，鼓励他们在海外社交媒体上开设账号，将其影响力从我国的社交媒体平台延伸到海外社交平台。

需要指出的是，虽然网络意见领袖的调性与建构模式与官方对外传播的内容定位和运作机制不同，但是主流媒体的海外社交平台传播仍可借鉴相关经验。比如，在话语亲和力与用户互动性上做出一定调适，坚持互联网平台的社群性社会维度。

除培育各类网络意见领袖之外，我们还要大力鼓励青年网民参与网络国际传播。有学者将国际传播生态描述为从商业网站及大型传媒集团的"象阵"转向以互联网用户为基本构成单位的"蚁群"[②]。以普通网民私人身份和"人格化"形象开展的对外传播能够淡化官方机构在对外传播中所占的比例，也更容易被海外受众和媒体所接受。尤其青年网民是社交媒体平台的主体和最为活跃的用户，具备既符合跨文化交流又符合平台传播需求的表达形式方面的偏好，他们所开展的国际交流和形象展示与全球化媒介生活场景中的青年网民具有较好的互动性和对话性。比如，国内外青年网民以Vlog形式在社交媒体平台上展示城市空间，关注当代和传统文化，展示多元真实的中国生活，具有显著的传播效应。

---

① 杨枭枭，李本乾.国际社交媒体涉华内容传播机制研究［J］.中州学刊，2019（9）：162-167.
② 周翔，丁敏玲.信息生态视角下我国对外传播中网络用户的核心生态位问题［J］.对外传播，2018（11）：48-51.

就青年网民群体的对外传播策略而言,一方面,"可以以短视频渠道为重要抓手,利用青年流行文化产业增强对外传播的内容支撑力"[1]。例如,借鉴某些本土"网红"的成功经验发掘"素人"Vlogger,鼓励他们在海外社交媒体上开设账号,讲好中国故事。另一方面,推进传播主体多元化,采用多种机制鼓励专家学者、留学生、海外华侨华人等参与国际传播[2]。其中,我国青年网民应该积极在海外互联网平台参与知识、文化分享,更好地融入国际社群,在"平台公共领域"参与更多对话。例如,网民参与维基百科平台的编辑活动,积极培养维基百科平台网络意见领袖,在遵守国际话语规则的同时讲好中国故事[3]。而参与油管影视剧的评论区的讨论,也能起到传播中国文化与形象的作用[4]。

(四)探索和优化网络国际传播框架和话语,突出呈现"发展中国""复杂中国"

由于制度、文化的差异及意识形态的长期偏见、现实利益的分歧和中国强大的"影响的焦虑",西方主流媒体对我国的偏见在短期内难以改变。站在全球传播的视野来看,国家之间的差异正受国际传播的驱动。包括网络国际传播在内的我国对外传播的目标,需要从长时间的"认同"降低到先争取"承认",再增进"理解"。"承认""理解"和"认同"这三个层次的目标期待中,"承认"是经验事实层面,目的在于促使西方公众更多地了解中国制度的差异、发展的客观性等,呈现丰富、复杂、多元的中国面貌,争取更多"可见性"。"理解"是促使西方受众理解中国制度、国情和文化,在叙事层面通过呈现世界发展的多元逻辑、强调尊重制度差异,阐明中国道路和中国主张。"认同"是态度的接纳和认可,对外传播的目的是争取价值观和体制道路的认同。

有学者提出,为营造有利于我国发展的国际舆论环境,后续中国的国际传播可更加注重突出呈现"发展中国""复杂中国"的报道框架,即既需要报道和传播我国先进、富强、文明的一面,又不避讳谈论我国社会发展和探索过程中存在的问题和挑战。为此,国际传播中可以更多运用中国作为"发展中大国"的话语,逐步替代之前长期使用的"发展中国家"话语——"发展"强调我国作为发展中国家,有权利在贸易、

---

[1] 张梦晗. 青年网民的互动与沟通:复杂国际环境下的对外传播路径 [J]. 现代传播(中国传媒大学学报), 2018, 40 (12): 24-28.
[2] 张志安, 李辉. 海外社交媒体中的公众传播主体、特征及其影响 [J]. 对外传播, 2020 (5): 7-10.
[3] 甘莅豪, 翁彬婷. 中国对外传播在维基百科平台中的机遇与挑战 [J]. 社会科学, 2019 (6): 3-13.
[4] 董灵慧. 中国网民在YouTube平台上观看国产剧的推荐行为及其影响研究 [D]. 北京:中央民族大学, 2020: 3.

碳减排等领域享受发展中国家的待遇,"大国"强调中华文明的悠久历史、幅员辽阔的地区差异和走近世界舞台中央的责任担当。"发展中大国"的传播话语,可将我国与其他发展中国家做必要区分,有利于增强对"发展中国+复杂中国"的框架阐释[1]。有学者提出,在中国政治文明的对外传播上进行富有创新性的"破题"已经箭在弦上,"去政治化""去意识形态化""不争论""特色""例外"之类的权宜之计已经无法适应当前全球新闻传播的变局[2]。因此,在对外传播中,我们既要在故事层面从宏观视角呈现我国的整体形象,又要更多地从个体故事等微观视角讲好中国发展和中国人民的故事。

无论是媒体的对外报道和社交平台上的内容传播,还是智库、公众等多元主体在社交媒体上的发声,都可在传播框架和传播话语上以"发展中大国"的话语突出"发展中国""复杂中国"的主要框架。学者单波在对跨文化传播的研究中提出了"公共空间"的概念,认为不同文化之间的"共义域"大小直接关系到双方交流、传播的效果[3]。国际传播要寻求"共义域",跳出"民族—国家"本位形象的桎梏,既要跳出本国本位的逻辑,又要跳出他国本位的逻辑,以促进全球公众承认、可接受为原则。这一观念本身与"人类命运共同体"理念相契合,也与上文论述的降低目标期待,先争取"承认"再促进"理解"相吻合。"发展中大国"的可沟通性话语如何设定?我们认为,现代性话语是多元混杂的,既包含现代性进步话语,又包含反思西方现代性的诸种另类现代性话语,而前者依然是主流。现代性进步话语体现在城市化、消费水平提升、科技进步、物质增长、国民福祉等方面,体现在制度理性化,以及高尚共享理念上。在这三个层面上,我们可以通过列举数据、案例与共同富裕故事等,以绩效正当性话语呈现中国社会的现代化进程和发展成就。在制度理性化上,可以通过讲述中国走向法治、开放与合作的机制,如反腐倡廉、透明政府等,可以程序正当性话语讲述;在高尚共享理念上可以通过生态文明、节能减排、碳达峰、碳中和和"人类命运共同体"以"人民为中心"等政策事实或图片来展示平等、自然、进步等共享价值理念,突出价值正当性话语。

(五)突出故事化表达和生活化视角,做好国际受众的网络分层传播

建立接近性和共情感,是国际传播可接受的基础。即从个人化视角、生活化视角、情感化视角,在日常生活的真实记录中展示个人真情实感、个人与时代发展紧密联系

---

[1] 张志安.突出呈现"发展中国""复杂中国"[N].环球时报,2021-06-21(15).
[2] 史安斌.加强和改进中国政治文明的对外传播:框架分析与对策建议[J].新闻战线,2017(13):29-32.
[3] 单波.跨文化传播的问题与可能性[M].武汉:武汉大学出版社,2010:242.

的命运历程，呈现可触、可感的真切故事。在故事化表达和生活化视角的网络国际传播过程中，我们也要尝试建立时空思维、强化对话和连接意识，把中国发展进步的故事与全球共同进步关联起来，以"人类命运共同体"思维来尝试自身与他者、中国与世界的地理、心理上的接近性。这方面，海外留学生、中国移民二代、对华友好人士及在华学习工作的外国人等群体可发挥重要作用，他们生活或穿梭于中西方社会，他们的视角更加具有跨文化同理心，他们的传播更具有在不同文化社会情境中生活的在地性，可在更加微观和透明的社交叙事中增进不同国家受众对中国的真实观察和体验。

此外，网络国际传播要注重整体统筹，做好差异传播，优化国际传播资源分配。战略规划层面需要做好分众化、精准化传播，针对不同区域、国家、群体制定不同的传播策略，甚至做到"一国一策""一国多策"。因此，网络国际传播研究和实践离不开比较社会研究、数字人类学研究和媒介使用习惯的长期跟踪调查，在此基础上我们才能把握不同国家所使用平台的调性和规则，理解国际传播目标国的制度规范与文化观念，从而选择网络国际传播实践的不同策略和实施路径，对不同国家、地区、人群进行分类、分众传播。

We Are Social 与 Hootsuite 合作发布的《2020 全球数字报告》(*Digital 2020: Global Review Report*) 显示①，全球总人口中仍有 40% 以上仍未连接互联网，其中超过 10 亿人在南亚，整个非洲大陆仍有 8.7 亿人无法上网。此外，青年和青少年在社交媒体上花费时间最多。这些数据表明，未来我国国际传播更应该重视新兴市场，尤其是人口结构较为年轻的新兴市场的耕耘。

四、结语

平台社会的到来为我国"国际传播能力建设"提供了新的契机和传播场景，也对我国网络对外传播战略与路径选择提出了新的要求。虽然互联网平台能够扩大国际传播主体的范围和提高中国故事的可见性，但并不意味着所有传播主体在平台上具备同等的传播能力。规划和完善我国网络国际传播战略，需要更好地把握平台逻辑和平台社会语境，而不能仅仅把平台视为一种新的传播渠道。

平台语境中的网络国际传播，除了大力推动各类传播主体积极参与平台公共领域、参与平台公共话语和平台社群互动，更应该基于平台逻辑对国际传播理念和实践做出

---

① WE ARE SOCIAL, HOOTSUITE. Digital 2020: global digital overview [EB/OL]. (2021-01-27) [2021-06-26]. https://wearesocial.com/digital-2020.

调整，丰富中国故事的叙事空间。网络国际传播应该提高统筹能力，注重整体性与差异性，合理设定中期、长期目标，有效协调各类传播主体的话语功能。网络国际传播应该根据自身资源选择不同的、适合自身的传播策略，通过破除单一整体的"民族—国家"叙事框架，寻找多元价值中的可沟通性话语，以多元视角和多种表达共同丰富中国故事、中国元素内容池；同时，适度淡化国际传播的政治化，加强日常生活化、情感化、亲和力的社群传播形式，加强对流媒体平台的利用。各类传播主体也要注重把握不同平台的调性和规则、特点，运营和打造出符合自身特点的平台账号，持续在网络国际传播中增强影响力和引导力。

抖音"出海"与中国互联网平台的逆向扩散*

一、导言

21世纪以来，以人工智能为主导的第四次工业革命和数字化进程推动了新一轮的全球资本调整，以信息技术为核心的资本竞争和市场逐利已成为新的经济全球化表征。而且随着经济活动对数字平台的依赖扩散，世界经济与数字传播革命紧密相连，传播对经济发展越发重要。学者丹·席勒（Dan Schiller）早在1999年指出，互联网在扩张性市场逻辑下带动着全球的政治经济转向数字资本主义[①]。

新的等级结构正在通过数字文化产业的渗透在全球建立起来，媒介组织的盈利目标与资本主义、发达国家的文化特权紧密交织。在此背景下，中国传媒产业已或多或少地卷入以互联网为工具的数字资本竞争。当前，美国主导了全球的信息传播业，其他发展中国家则以"搭便车"的方式发展本国的信息文化产业，它们依赖美国的多种资本走上数字化道路。

然而，中国的数字化道路却不同于其他发展中国家，它没有依附于发达国家，而是依靠自身不断努力，走向国际市场和融入世界资本主义体系，并且实现了自我保护和主权完整[②]。以百度、阿里巴巴和腾讯三家BAT企业为代表的中国互联网公司在数字资本主义时代的发展路径一般是先在国内搭建扎实的产业架构，占领本土市场，在积累用户群体和具备领先优势后再将商业版图扩大到国际市场。

总体上看，互联网的全球市场规模很大，没有一个国家或机构能完全垄断一个行业，少数中国互联网公司在"出海"之后也能迅速积累用户规模，产生强大影响力。全球知名应用追踪公司Sensor Tower的数据显示，抖音国际版TikTok在2020年第一

---

* 张志安，潘曼琪.抖音"出海"与中国互联网平台的逆向扩散[J].现代出版，2020（3）：19-25.
① 席勒.数字资本主义[M].杨立平，译.南昌：江西人民出版社，2001：5-6.
② 席勒，翟秀凤，刘烨，等.信息传播业的地缘政治经济学[J].国际新闻界，2016，38（12）：16-35.

季度获得App Store和Google Play近3.15亿次下载，累计总下载量达20亿次[①]。TikTok在数字资本主义时代的突出表现，折射出中国互联网平台参与全球竞争的新动向。本文聚焦此案例，结合数字资本主义的背景分析抖音"出海"过程中的主要战略，指出中国数字平台抖音的逆向输出为全球文化和信息传播带来的意义，并指出其后续发展仍需面对的风险。

二、数字资本主义的演进与互联网平台的崛起

数字资本主义是伴随信息技术的重要性与日俱增而必然出现的新历史趋势。它兴起于政治和经济结构发生巨变的20世纪70年代，全球对经济的关注焦点从如何消除依靠政治政策来调整信息产业的发展不平等转移到如何最大化争取新兴产业的利润。在理查德·米尔豪斯·尼克松（Richard Milhous Nixon）担任美国总统期间，为了应对来自其他国家的经济关注与削弱国内传统产业工会的权力，美国企业和与美国关系密切的政治盟友决定全面拥抱数字资本主义[②]。美国政府对信息处理与网络技术日渐推崇，在政策上也给予信息科技行业大量优惠，再加上传统制造业盈利能力的长期下降，美国的产业重点自然从粗糙的工业转向精细的信息业，企业越来越依赖数据和互联网的商业模式，它们能通过提供和出售任何带有信息价值的商品或服务成功运转，数字资本主义成为维持国家经济活力和增长的主要方式。

到了20世纪90年代，工业已普遍从高收入经济体中脱离，人类劳动产物的形式已大量从物质产品转向非物质产品，如思想内容、知识、服务等。这些虚拟产品以网络作为传播中介，被各个地区的用户消费，这意味着互联网已经逐渐成为数字资本在全球自由流动的基石[③]，它为数字经济的繁荣奠定了相应的基础设施。直到21世纪，在市场扩张的带动下，互联网快速开启了从资本主义通向数字资本主义的繁荣之门，并最终在这几年出现了新的业务模式，"一种强大的企业新形式——平台。"[④]

在丹·席勒看来，数字资本主义是信息网络以前所未有的方式与规模渗透到资本主义经济文化的方方面面，成为资本主义发展不可缺少的工具与动力的状态[⑤]。一方面，

[①] SENSOR T. TikTok crosses 2 billion downloads after best quarter for any app ever［EB/OL］.（2020-04-29）［2020-04-30］. https://sensortower.com/blog/tiktok-downloads-2-billion.
[②] 席勒.信息资本主义的兴起与扩张：网络与尼克松时代［M］.翟秀凤，译.北京：北京大学出版社，2018：8.
[③] 席勒.信息资本主义的兴起与扩张：网络与尼克松时代［M］.翟秀凤，译.北京：北京大学出版社，2018：9.
[④] 斯尔尼塞克.平台资本主义［M］.程水英，译.广州：广东人民出版社，2018：49，126.
[⑤] 席勒.数字资本主义［M］.杨立平，译.南昌：江西人民出版社，2001：5-6.

以互联网为依托的信息网络技术在各个方面影响了资本主义世界的发展，它不只是简单的辅助性传播系统，更是高度介入社会政治经济结构，因此研究资本主义的进程成为政治经济学家关心的问题，他们关注资本主义发展到信息时代在政治和经济逻辑以及社会生活的新变化。尼古拉·尼葛洛庞蒂（Nicholas Negroponte）曾形象地指出，人类因为整个世界日益依赖数字技术而进入数字化生存时代[①]。另外，在依靠传统工业的资本主义演变到数字资本主义之后，网络扩大了实行资本主义制度的国家在全球的影响范围，文化日渐成为国际舞台上各个国家竞相争夺的资源。以美国为首的西方国家把全球化当作借口，在全球推行文化霸权主义，大力倾销其价值理念、文化观念和政治制度的"优越性"。

在数字资本主义时代，信息是一种有利于新的资本累积的重要生产力[②]。信息聚合平台依赖网络效应，其拥有的信息越多，平台的价值含量越高。全球用户数量较多和覆盖面较广的互联网平台多数是从美国兴起然后扩散到其他发达国家和发展中国家的。比如，早在抖音国际版 TikTok 刚诞生的 2017 年，脸书（Facebook）已覆盖全球 130 多个国家和地区，全球月活跃用户数达 20 亿[③]，而全球 95% 的互联网用户都曾看过油管（YouTube）的视频，美国境外用户数占油管总用户的 80%[④]。美国借助新平台延续着传统媒体时代的文化霸权，它掌控着数字资本主义时代的新传播渠道。达雅·屠苏（Daya Thussu）将源于美国并以之为核心的媒介产品向其他国家流动的现象称为"主流"[⑤]，那么，作为源起于世界上最大的发展中国家的 TikTok，它对其他国家的信息传播就是一种逆向扩散。

脸书、油管和 TikTok 这类以内容型产品为主的软件在数字资本主义时代参与全球竞争，实质都在依托用户的社会协作和社会关系，通过平台用户为资本循环提供无偿的文化劳动力[⑥]。用户生产的数据将转化为平台的价值，数据、用户和节点成为平台竞争的关键。尽管这些互联网平台为全球经济提供了新的竞争和控制方式，但最终的盈

---

① 尼葛洛庞蒂. 数字化生存［M］. 胡泳，范海燕，译. 海口：海南出版社，1997：15.
② FUCHS C. Information and communication technologies and society a contribution to the critique of the political economy of the internet［J］. European journal of communication，2009，24（1）：69-87.
③ 新华网. Facebook 月活跃用户数破 20 亿［EB/OL］.（2017-07-06）［2020-05-01］. http://www.xinhuanet.com/info/2017-07/06/c_136421691.htm.
④ ASLAM S. YouTube by the numbers：stats，demographics & fun facts［EB/OL］.（2020-02-10）［2020-05-01］. https://www.omnicoreagency.com/youtube-statistics/.
⑤ 朴经纬，唐天开. 全球化时代的媒体与传播：达雅·屠苏的传播思想评介［J］. 新闻研究导刊，2016，7（14）：13-15.
⑥ 福克斯，莫斯可. 马克思归来：上［M］. 传播驿站工作坊，译. 上海：华东师范大学出版社，2016：186.

利能力才是平台成功与否的仲裁条件①。当我们把平台当成数字资本主义的最终业务模式和理解中心时，应明确平台不仅是资本主义关系和结构转化的表现，还是技术中介和资本主义商业策略结合的离散模式。

本文关注平台的条件配置和后果，既强调 TikTok 对数字经济流通的独特市场化中介作用，又强调 TikTok 在流通中融入更多样的资本化过程②，希望以此观察 TikTok 对其他国家逆向输出的策略、意义和风险。

三、抖音国际版 TikTok 的"出海"战略

在数字资本主义迅猛发展的当下，信息技术行业的投资回报丰厚，具有超级用户规模的互联网商业平台逐渐成为基础设施，物联网、云计算、人工智能等技术成为企业竞争的符码。在这样的背景下，以流通思想、知识和劳动力为内容，发生在地理分散但互动联结的网络各社区，贯穿于社交媒体、网络市场、众包和众筹等多种数字经济生态圈的新数字经济形式应运而生③。

在短视频尚处于发力时期的 2016 年，9 月上线的抖音开始业务布局和运行，2017 年出现井喷式增长并快速成为字节跳动旗下战略产品和现象级的音乐视频应用软件。可观的流量让该公司为抖音注入大量资金并加快其国际化发展进程。2017 年 8 月，抖音国际版 TikTok 在 Google Play 上线，这意味着抖音正式踏上海外征途。截至 2020 年 1 月，TikTok 已覆盖全球 150 多个国家和地区，全球的日活跃用户数突破 4 亿④，成为中国互联网平台成功"出海"的代表。

抖音的国际业务扩张是经过部署后的战略安排，需要根据情势变化而调整策略，为此，字节跳动投入过亿美元。产品负责人王晓蔚曾表示，"抖音在国内的视频播放量已超过 10 亿，在国内市场已无有力挑战者的情况下，寻求海外增长在情理之中"⑤。抖音"出海"策略主要包括三个方面内容。

---

① 斯尔尼塞克. 平台资本主义[M]. 程水英, 译. 广州: 广东人民出版社, 2018: 49, 126.
② PAUL L, LEYSHON A. Platform capitalism: the intermediation and capitalisation of digital economic circulation[J]. Finance and society, 2017, 3 (1): 11-31.
③ 梁超, 兰利. 平台资本主义: 数字经济流通的中介化和资本化[J]. 汕头大学学报 (人文社会科学版), 2017, 33 (11): 130-132.
④ 黄鑫. 抖音日活跃用户数超 4 亿——更多的人, 更大的世界[EB/OL]. (2020-01-17) [2020-04-20]. http://www.xinhuanet.com/info/2020-01/17/c_138712187.htm.
⑤ 贺文. 短视频: 海外急"揽客"[J]. IT 经理世界, 2017 (22): 31-33.

（一）以经济资本为优势，占据市场关键节点

在数字资本主义时代，占据世界市场的关键节点是平台公司赢得竞争的重要方式，它们依靠资本的多种运作方式来提升和巩固自己的市场地位。抖音"出海"初期利用比较丰厚的经济资本，通过投资、控股、并购等方式进入海外媒介生态圈，为抖音的海外业务运营提供更多资源储备。

资料显示（见表1），印度、美国和印度尼西亚是TikTok三个较大的海外市场。截至2020年第一季度，印度累计下载量达6.11亿次①，美国用户每天要打开TikTok 8次，平均每次4.9分钟②，而TikTok在印度尼西亚也多次登上App Store和Google Play的榜首。TikTok能在这三个国家取得佳绩，是一个循序渐进的过程。2016年10月，印度最大的内容聚合平台Dailyhunt获得由字节跳动领投的2500万美元D轮融资投资。Dailyhunt的创始人兼CEO维伦德拉·古普塔（Virendra Gupta）称："Dailyhunt未来的发展方向将从文字内容扩展至视频内容和音频内容。"③对抖音来说，印度拥有4亿潜在用户市场，潜力巨大，而Dailyhunt的最大优势是为印度人提供本土语言内容。据悉，Dailyhunt支持15种当地语言，而字节跳动领投的资金会用于机器学习技术研究，开拓印度本土语言市场。2016年12月，字节跳动控股了印度尼西亚的新闻推荐阅读平台BABE。BABE是印度尼西亚移动互联网的明星项目，这为抖音日后占据东南亚国家市场打下了坚实基础。2017年2月，面对本土音乐短视频的先发优势，字节跳动全资收购北美知名短视频社区Flipagram，提高了自身所占的市场份额，也意味着其正式进军北美音乐短视频市场。

从抖音国际版TikTok上线前的这三个重要举措来看，字节跳动投入足够资金，试图以经济资本的投入，较快进入海外市场、占据关键节点。初期，字节跳动先以资本收购和控股方式快速进入特定区域的用户市场，之后再以国际版产品自运营的方式扩大在其他国家和地区的市场占有率，这种"收购+自营"的方式体现出字节跳动在经济资本稳健输出的同时注重产品和技术输出。

---

① SENSOR T.TikTok crosses 2 billion downloads after best quarter for any app ever［EB/OL］.（2020-04-29）［2020-04-30］. https://sensortower.com/blog/tiktok-downloads-2-billion.
② 陈燕妮. TikTok全球下载量逼近20亿［EB/OL］.（2020-03-16）［2020-04-10］. https://tech.ifeng.com/c/7uspvFTS3LE.
③ 杜暮雨. 进入400余种语言的印度，今日头条选择2500万美元投资Dailyhunt［EB/OL］.（2016-10-16）［2020-04-10］. https://36kr.com/p/5054575.

表 1　字节跳动部分海外投资

时间	举措	作用
2016 年 10 月	印度最大的内容聚合平台 Dailyhunt 获得字节跳动领投的 2500 万美元 D 轮融资投资	Dailyhunt 支持 15 种当地语言，字节跳动投入的资金用于机器学习技术，开拓印度本土语言市场
2016 年 12 月	字节跳动控股了印度尼西亚的新闻推荐阅读平台 BABE	参与印度尼西亚新闻内容分发，进一步了解民众的喜好
2017 年 2 月	全资收购北美知名短视频社区 Flipagram（早先是三名美国人创办的收费视频软件，后获得 B 轮 7000 万美元融资，大部分钱用来购买音乐版权，有将音乐融入视频的创作理念）	让字节跳动具有更多音乐版权，拥有更多音乐资源储备，以便更快地进军北美音乐视频市场
2017 年 8 月	抖音国际版 TikTok 上线	抖音国际版 TikTok 迈入国际市场的第一步

（二）以技术资本为核心，向用户提供智能服务

技术是否领先是互联网平台媒介产品成功与否的关键，技术的实用性和智能化会提高海外用户对平台的接纳程度，增强用户对平台的使用黏性。实际上，字节跳动公司从创立伊始就是以人工智能技术为核心的互联网公司，今日头条的算法推荐技术成就了这一资讯客户端的快速发展，抖音的崛起更印证了其在算法推荐技术之外，基于手机的人机交互技术的强大。字节跳动 CEO 张一鸣曾表示，技术"出海"的核心策略将让 TikTok 致力于为全球提供统一的产品体验[①]。TikTok 能根据数百万维度的标签以及相关性、环境、热度、协同等模型实时了解用户的状态，让视频与用户环境相匹配，从而推荐用户最喜欢的视频。该技术不仅洞悉了各国用户的兴趣，满足了他们不同的观赏需求，而且在算法的驱动下，用户不会看到重复的内容，海量的数据库是它强大的后盾。

TikTok 能在众多同类产品的竞争中胜出，主要归功于"人脸关键点检测技术""人体关键点检测技术"和"手势识别和粒子系统技术及应用"等基于手机的人机交互技术。其一，"人脸关键点检测技术"能同时识别用户脸部百余个关键点和多个用户人脸，弥补其他视频软件在用户有大幅度动作时，贴纸会跟丢的缺陷，AR 动态贴图能和用户面部实现无缝对接，用户挑眉等类似的小动作也能触发动态贴纸。其二，"人体关键点检测技术"是将类似"尬舞机"的技术从特定的硬件设备移植到移动端上，它

---

① 钛媒体.张一鸣表示技术出海策略的核心将让 TikTok 致力于为全球提供统一的产品体验［EB/OL］.（2018-04-24）［2020-04-10］. https://www.tmtpost.com/nictation/3204419.html.

让全球用户都能在手机上享受以往要由"舞蹈机"提供的体验,这得益于字节跳动 AI Lab 的算法调研和严谨的模型训练。"尬舞机"具有基于动作的匹配机制,其运用人体关键点技术和预先设定的动作模板引导任何不具备舞蹈基础的用户跳出有趣专业的舞蹈,这个新突破让用户随时随地享受舞蹈的欢乐。其三,"手势识别和粒子系统技术及应用"是将手势识别和粒子系统技术合二为一,先运用传感器实时监测用户 21 个手指关键节点的运动,再用粒子物体模拟雪、雨、泡沫、灰尘等,用户能通过手指的运动达到对外在物品的虚拟操控,该应用具有丰富的实际应用场景,能形成令人赞叹的视频特效。

这些技术一方面吸引了大量海外用户从 TikTok 上高效获得个性化短视频内容;另一方面也以极低的门槛方便海外用户在生活中参与短视频的拍摄和上传,由此,TikTok 的用户、数据、算法和内容之间形成了完整的反馈闭环。

此外,在设计界面和内容分发机制上,TikTok 还将带有后现代性的媒介技术推到极致:用户在打开 TikTok 后能直接进入短视频播放窗口,他们不知道下一个出现在界面上的是什么内容,只需手指滑动就能跳出自己感兴趣的内容,这种交给机器精准"喂",无须自己"找"的未知性,会在精准满足用户兴趣的同时让其花费更多时间在 TikTok 上。

(三)以文化资本为依托,满足全球用户娱乐需求

在数字资本主义时代,现代性的特征之一是流动性,世界范围内的物质资源和文化资源都在不停流动。音乐是文化资本的"客观形态"之一,它具有鲜明的风格,其对相似情绪的调动性能打破地域的隔阂,在全球范围内流动。音符超越了文字的交流障碍,能够引起情感共鸣,动感的音乐与趣味的视频结合在一起被全球用户在娱乐生活中消费。

以创意音乐为定位的抖音,拥有全球多个国家的乐库。这些乐库是 TikTok 进入其他国家市场的文化资本之一,本土音乐能吸纳新用户,迎合全球娱乐文化盛行的趋势。年轻人推崇数字文化,乐于进行数字化表达,视频记录者通过视觉化的自我展示实现自我形象管理,而消费者在观看中满足了情感、娱乐甚至身份认同等多元需求[①],在流动的社会里实现个体与公共文化的联结。

TikTok 在海外业务扩张中对作为文化资本的音乐的运用是非常注重的。一方

---

① 张志安,冉桢.短视频行业兴起背后的社会洞察与价值提升[J].传媒,2019(7):52-55.

面，字节跳动在 2017 年 10 月以 10 亿美元的高价收购了美国大受欢迎的音乐短视频 Musical.ly，这是 TikTok 海外扩张的重要一步。在收购这款定位和 TikTok 相似的音乐短视频应用之前，字节跳动已于 2017 年 2 月全资收购北美知名短视频社区 Flipagram，垄断了一些北美音乐的版权，由此直达 Musical.ly 的腹地。Musical.ly 的创始人从创立初期就致力于打造一个全球的娱乐社交平台，其定位和 TikTok 相契合。字节跳动在收购它之后，不仅立即占有北美的年轻用户市场，也将音乐版权扩展至北美嘻哈等音乐类型。很快，TikTok 超越脸书、照片墙（Instagram）、色布拉（Snapchat）和油管等，多次成为美国 App Store 和 Google Play 两个应用商店下载量最高的应用。

　　TikTok 在兼顾全球性流行音乐文化的同时，没有放弃带有本土性的民族文化。例如，TikTok 将风靡印度的脸部绘画带入音乐滤镜，受到能歌善舞的印度用户的青睐。这种全球乐库与本地歌舞文化相融合的方式，带来音乐链条式传播效应，使 TikTok 成为中外音乐的交流媒介，加速了世界各地文化在全球数字平台中的流动、消费和共享。其中，也有不少中国音乐借此风靡海外，如《爱的就是你》曾在国内抖音上盛行一时，有 400 多万人用它拍摄了手势舞，而这首歌在 TikTok 上也很火爆，日韩及东南亚地区用户用它拍摄的短视频已超过 160 万个。此外，在国内广受欢迎的 Dura 舞、拍灰舞、爱心手势舞等也受到印度尼西亚年轻用户群体的喜欢。

　　文化资本既能内化于人们的身体和头脑，又能固化于习性和性情[1]，反映为文化学识、技能、教养和造诣，因此人是文化要素最为复杂的集合体，TikTok 在全球业务的运营中重视所雇员工的多元文化背景。其在海外设立的分部，员工来自五湖四海，体现国际性和本土性的结合。TikTok 海外业务的快速增长实现了字节跳动公司市值的倍增，也实现了我国本土互联网商业模式的海外输出。如张一鸣所言："在这一波信息化浪潮中，中国公司不再需要 copy（复制），而是转向自主创新，今天，包括字节跳动在内的中国公司和美国优秀公司一样，是 born to be global（天生全球化）。"[2]

　　综上所述，TikTok 针对不同国家和地区采取灵活多样的业务扩张模式，实现了经济资本、技术资本和文化资本之间的分配与转化，共享算法推荐和人机交互等智能技术，适应当地的政治、经济、社会和文化，以"全球本土化"（glocalization）策略把握数据、节点、用户等关键要素，促成了其在国际市场中的稳健扩张。

---

[1] 徐望. 文化资本时代的文化消费［J］. 学习论坛，2018（9）：65-71.
[2] 中国青年报. 张一鸣：互联网企业应主动承担社会责任　以技术优势服务社会［EB/OL］.（2018-04-27）［2020-04-10］. http://mini.eastday.com/a/180427154943574-3.html.

四、抖音"出海"的逆向扩散意义和风险

伴随互联网通信技术的发展和信息化进程的加速,以往由政府主导的国际传播逐渐扩展至以互联网平台为枢纽、以网络用户为目标的网络国际传播,主要传播媒介也从电视、广播等大众传播媒介转向形态各异的互联网产品①。从批判的传播政治学角度看,数字资本主义的实质是美国等西方发达国家运用其强大的政治和经济权力对其他弱势国家信息传播、文化消费和思想观念的操纵。

TikTok 的海外产品定位始终在努力规避任何政治性的动机,以显著的"去政治化"倾向,在"出海"过程中寻求用户规模和收入利润的增长,参与数字资本主义时代的国际竞争。数据显示,2020 年初,TikTok 的终身用户支出已增至 4.567 亿美元②。不过,解读 TikTok 成功"出海"的意义,需要更多元的视角。

(一)跨国平台上的全球文化传播

长期以来,美国传媒企业在国际竞争中占尽先机,它们在全球开拓商业版图,将带有本土文化色彩的商品通过销售成功对外输出,让世界各国的年轻群体在消费媒介产品过程中受到价值观潜移默化的影响。由于内容型产品具有传播信息的作用,文化属性和功能显著,伴随互联网企业的海外扩张,各种政治和意识形态的力量都会在数字文化舞台上展开较量③。不过,多数互联网企业因担心受到外国政府抵制而对自身文化产品的意识形态属性向来讳莫如深,习惯在"不声张"的文化前提下开拓业务。

当下,脸书、推特、照片墙等全球流行的社交工具和平台,基本上都是美国公司的。社交媒体作为互联网平台的典型类型之一,已经成为数字资本主义时代全球文化传播竞争的新场域。美国除在影视、传媒等娱乐业对全球建立"软控制"之外,也在互联网领域建立起全球化领先优势。TikTok 是带有社交属性的短视频产品,它通过字节跳动的资本和技术输出,辅之以本土化运营,使美国成为其三大海外国家市场之一,在一定程度上打破了美国产品在全球的垄断地位。

客观上,TikTok 在不同国家的流行有利于中国文化的对外网络传播,诸多带有中

---

① 萨义德.东方学[M].王宇根,译.上海:生活·读书·新知三联书店,1999:4.
② SENSOR T, TikTok crosses 2 billion downloads after best quarter for any app ever[EB/OL].(2020-04-29)[2020-04-30]. https://sensortower.com/blog/tiktok-downloads-2-billion.
③ 萨义德.文化与帝国主义[M].李琨,译.北京:生活·读书·新知三联书店,2003:4.

国文化要素的短视频在国外受到追捧。比如,在国内抖音上的"少林梦"挑战也在日本受到欢迎,一名日本用户曾将《少林梦》的中文歌词和日文歌词用毛笔写下来对照:"我心里一直有个梦,想去嵩山少林学武功,就像电影里帅气的超人,全家仗义飞檐走壁。"虽然书法稍显稚嫩,但走心的文字让该短视频赢得 1.6 万用户的点赞。同时,日本文化会在 TikTok 上呈现和传播,曾有多名中国用户到日本人气漫画《灌篮高手》实景地——神奈川县镰仓市湘南海岸打卡,用 TikTok 拍摄,配上主题曲并上传到平台上。可见,TikTok 作为相对中立的互联网平台,其跨文化交流和传播功能正在凸显。

(二)逆向扩散对全球传播秩序的改造

从全球传播现状来看,文化帝国主义的问题并没有得到根本解决,信息传播业成为发达国家向外扩张的产业支柱,与此相关的物质资源和符号资源也在支配着全球传播秩序。在对数字资本主义的历史起源、美国的主导地位和日渐增长的挑战因素进行分析时,丹·席勒发现伴随互联网崛起的多种意识形态既没有解决资本主义的固有危机,又没有减少信息地缘政治纷争[1]。新世纪的媒介仍从属于经济资本,它们支撑了一种以美国为主导、建立在高新数字技术产业之上的新帝国主义[2]。

面对这种相对稳定的信息地缘政治及其传播结构的不平等,世界各国需要构建更多极的力量来优化全球传播秩序。伴随网络化社会的兴起和新的新闻生态系统的出现,国际传播秩序的建构已不再只是依靠政府力量和跨国传媒集团的优势,以社交媒体、搜索引擎、短视频平台等为代表的互联网平台赋予了网民自主生产、加工、存储和传播信息的权利,让世界各国的网民在数字化日常生活中建构着新的文化传播空间。基于这些全球性互联网平台的跨国信息流动,信息技术的全球共享、网民之间的跨文化对话、多元主体参与的网络公共外交等都变得活跃起来,这种生活化、碎片化、非正式的民间沟通成为官方沟通、媒介建构之外形塑信息传播新秩序的重要方式。

当前,TikTok 正在致力于构建"信息公共领域",青年群体的内容生产和分享热情高涨,跨文化的视频产品以井喷式趋势涌现在这个全球性互联网平台上。大量海外达人在中国旅行期间拍摄视频并上传到 TikTok,把带着鲜明中国城市特色元素的作品推进了全球化网络信息空间中。比如,有一位奥地利体操运动员在天安门广场、长城、外滩等标志性建筑前秀出了前空翻的体操动作,并在 TikTok 上记录自己的旅程。该短视频获得了

---

[1] 席勒,翟秀凤,刘烨,等. 信息传播业的地缘政治经济学[J]. 国际新闻界,2016,38(12):16-35.
[2] FUCHS C. New imperialism: information and media imperialism? [J]. Global media and communication,2010,6(1):33-60.

16.6万用户的点赞，一些认出建筑物特点的欧洲网民还在视频下面跟评"I love China！"。

TikTok时下已发展成全球短视频创作和音乐交流的枢纽平台，汇聚了各地艺人的网络节目表演和普通公众的视觉生活记录，也逐步成为各国政府机构、媒体进行公共传播的新渠道。世界各地青年群体对这款起源于中国的互联网平台的青睐，一定程度上改变了既有的全球信息传播秩序和发达国家平台占据垄断地位的格局。

"跨国或跨境收购行为是企业在空间中的制度和权力延伸过程。"[1]字节跳动在推出TikTok之前，先以资本收购的方式打基础，之后再以TikTok平台运营方式开拓市场，比较稳健地完成了这款中国产品的海外输出。从时间和空间的维度看，以往的逻辑是发达国家的媒体产品、传媒集团和互联网平台向发展中国家扩散，而TikTok的流行第一次出现发展中国家的数字产品和互联网平台向发达国家逆向扩散，这种逆向扩散的新现象和新特点为全球传播秩序改变提供了新动力和新趋势。

微信海外版（Wechat）、支付宝海外版（Alipay）和TikTok等中国产品走出去，在不断丰富着全球信息传播建构秩序中的多元行动者，在为中国争取高增长的国际信息网络产业市场份额的同时，增加数字资本主义走向多极化发展的可能。

相比传统媒体产品，传媒集团的全球扩张具有较强的价值观色彩和意识形态属性，数字互联网平台的全球输出更加具有嵌入公众日常生活、成为社会连接基础设施的能力。文化产业的多结构性和多元化发展交织着个人娱乐生活和社会公共议程，全球化与本土化、技术主宰和技术解放等诸多力量相互参照，呈现出协调、竞争和交叉的关系[2]。面对多元复杂的国际社会，TikTok的"全球本地化"发展必然遭遇各种挑战，除了需要应对跨国资本的现有结构给中国企业融入全球政治经济体系带来的困难[3]，还需警惕政治介入、文化、隐私保护、数据安全等各类风险。

为此，TikTok不断摸索、调整和完善了平台在不同国家和地区的治理机制。其一，尽量避免政治风险。TikTok曾在印度面临封禁的危险，原因在于印度大选期间，某些用户上传了对候选人进行搞怪编辑的视频[4]，而印度复杂的政治生态使TikTok首当其冲受到部分政客的抵制。其二，尊重当地文化习俗。国际冲突的根源之一是文化冲突，TikTok在"出海"过程中非常重视研究、熟悉和尊重不同国家的当地风俗，对宗教禁

---

[1] 莫斯可.传播政治经济学[M].胡春阳，黄红宇，姚建华，译.上海：上海译文出版社，2013：19.
[2] 陈卫星.从"文化工业"到"文化产业"——关于传播政治经济学的一种概念转型[J].国际新闻界，2009（8）：6-10.
[3] NOLAN P. Is China buying the world? [J]. Challenge, 2012, 55（2）：108-118.
[4] 钛媒体. TikTok在印度遭遇麻烦，内容平台出海难在哪？[EB/OL].（2019-02-28）[2020-04-16］. https://baijiahao.baidu.com/s?id=1631758335089668090&wfr=spider&for=pc.

忌等保持高度的文化敏感。其三，确保用户数据安全。数据是互联网平台发展的基础，互联网平台捕获、提取和使用数据的机制，对用户的隐私保护和特定国家的安全风险有重要影响。不同国家对数据收集和隐私保护的政策边界有所差异，就会导致同一个互联网平台面临不同的诉讼风险。TikTok 在美国就曾因"违反儿童隐私法"被美国联邦贸易委员会处以 570 万美元的罚款[1]，印度部分议员也曾以过度监听用户会"危害国家安全"为由要求印度政府封禁 TikTok[2]。TikTok 遭遇的上述风险也是中国互联网公司"出海"需要共同应对和破解的难题。

五、结论

研究发现，在数字资本主义兴盛和互联网平台崛起的时代，除了发达国家仍然占据主导优势，我国的互联网平台也在积极创新传播手段，参与世界新信息秩序的改造和全球文化多元融合的进程。互联网平台在数字资本主义的竞争以节点、用户和数据三个要素为主，而 TikTok 以经济资本为优势，占据市场关键节点；以技术资本为核心，向用户提供智能服务；以文化资本为依托，满足全球用户娱乐需求。这三个举措共同助力其完成了互联网平台由发展中国家向发达国家的逆向扩散。

TikTok 的逆向扩散不仅意味着发展中国家向发达国家进行互联网产品和商业模式的逆向输出，还意味着发展中国家贡献的数字内容产品有可能被持续化全球共享。此前，微信海外版 Wechat 和支付宝海外版 Alipay 的"出海"，其用户群体主要局限于在境外生活或旅游的华人[3]，产品用户的本土化程度低，而 TikTok 的海外使用者大多是土生土长的年轻网民，因此这种逆向扩散不仅是互联网平台在国与国空间上的扩散，还是数字化产品在跨国用户群体中的扩散，这是 TikTok "出海"的特殊之处。

不过，TikTok 在参与逆向扩散过程中也面临着复杂而多元的风险，价值观上的"去政治化"和文化的"在地化"适应是其逆向扩散的重要政策，伴随这种逆向扩散的竞争优势进一步扩大，这一互联网平台需要在承担更多社会责任的同时逐步适应不同国家和地区的互联网平台治理政策。从这个角度看，TikTok 所代表的中国互联网平台的逆向扩散仍有发展上的不确定性。

---

[1] 芥末堆看教育.因违反美国儿童隐私法，美版抖音 Tik Tok 将被处以 570 万美元罚款［EB/OL］.（2019-02-28）［2020-04-16］.https://m.sohu.com/a/298250185_115563.
[2] 搜狐网.危害国家安全、内容低俗……出海印度屡遭质疑,TikTok 将如何突出重围？［EB/OL］.（2019-09-24）［2020-04-16］.https://www.sohu.com/a/342992160_100163814.
[3] 刘滢，唐悦哲.反向流动视阈下的社交网络与中国媒体全球传播［J］.新闻与写作，2019（7）：71-75.

从平台可供性视角看中国企业的海外传播*

随着社交媒体平台越来越融入人们的日常生活，我国越来越多企业借助海外网络平台进行国际形象建设和品牌传播。然而，从网络平台使用规模、平台功能使用率、传播力等方面来看，大部分企业的运用实践尚处于起步阶段。近年来，随着各类网络和社交媒体平台的兴起和流行，可供性（affordance）概念走进西方传播和媒介研究界的视野，成为理解和分析社交媒体界面、传播技术与用户之间关系的术语之一，不少国外学者也从可供性角度探讨社交媒体对人们生活方方面面及社会发展进程的影响，而互联网平台可供性研究在我国尚处于起步阶段。我们认为，互联网平台可供性可以为我国企业的海外形象建设和品牌传播提供新的思路和视野。本文首先简述我国企业利用海外网络平台进行国际传播的现状，然后介绍和讨论可供性理论及海外主要网络平台的可供性，在此基础上探讨平台可供性对进一步做好我国企业的海外形象建设和品牌传播的启示。

一、我国企业利用海外网络平台进行国际传播的现状

关于我国企业利用海外网络平台进行国际传播的研究，主要有北京师范大学新媒体传播研究中心等自2016年起每年发布的《中央企业海外网络传播力建设报告》。该报告以中央企业为研究对象，挖掘分析它们在谷歌（Google）、维基百科（Wikipedia）、脸书（Facebook）、推特（Twitter）、照片墙（Instagram）、油管（YouTube）等海外主要网络平台上的传播力。测量的传播力分为三个层次，分别为："在场"，衡量标准为在互联网场域中的提及率；"评价"，指在国际舆论场受到关注、引起别人讨论的情况，无论内容是正面还是负面；"承认"，互联网世界对传播内容的价值承认程度。

四年来的报告显示，中央企业的海外网络传播力建设呈逐年上升趋势，但总体上，中央企业应用社交媒体进行海外传播的能力仍然较弱，与民营企业、外国企业相差较

---

* 徐艳珠，张志安. 从平台可供性视角看中国企业的海外传播［J］. 对外传播，2020（6）：10-12.

大。例如，2019年海外网络传播力综合指数排名第一的中国航空集团有限公司，其传播力总指数与华为相比相差6倍，与壳牌相比相差约1倍。各行业企业间海外网络传播力相差较大，民航、通信、石油等行业表现较好，而林业、纺织业等行业表现较差。此外，央企在海外主要社交媒体平台的官方认证率较低，视频传播意识不强，油管入驻率及订阅数量偏低。央企在海外社交媒体平台的账号只用于发布信息，极少与粉丝互动。

其他报告，如人民日报海外网舆情中心发布的《中央企业海外舆情生态指数报告（2017上半年）》和《2017年度中国企业海外传播生态指数报告》也指出，央企海外社交媒体账号开通率偏低，不少账号存在粉丝人数少、内容更新慢、互动少等情况。总体来说，我国企业利用海外网络平台进行国际传播的能力有待提升。

二、可供性理论及网络平台的可供性

（一）可供性理论

可供性，在内地及港澳地区也译作功能可供性、承担特质、直观功能、预设用途、可操作暗示、支应性、示能性等，指事物能够提示其可以帮助人们做什么的一种属性或特征。

可供性的概念由美国生态心理学家詹姆斯·吉布森（James J. Gibson）最先提出，用于解释生物与环境的对应关系。吉布森在1979年出版的《视觉感知的生态学方法》（*The Ecological Approach to Visual Perception*）一书中将可供性定义为环境"提供给动物的，无论它提供的是好的还是坏的"[①]。

美国认知科学及人机交互学学者唐纳德·诺曼（Donald Arthur Norman）将可供性概念引入设计领域并进一步发展了这个概念。诺曼认为，可供性是事物的感知和实际属性，尤其是那些决定如何使用事物的基本属性。他认为可供性为事物的运作提供了有力线索，人们只要看一下物件，无须图片、标签或说明书，就知道该怎么做。换言之，事物本身就能说明自身的用途[②]。诺曼将可供性视为产品设计的重要内容。在诺曼的推动和影响下，可供性现已成为设计领域（包括产品设计、网页设计、手机界面设计、人机交互、交互设计等）的一个十分重要的术语。

随着社交媒体在全球的兴起和流行，可供性成为理解和分析社交媒体界面、传播

---

① GIBSON J J. The ecological approach to visual perception [M]. Boston：Houghton Mifflin，1979：127.
② NORMAN D A. The psychology of everyday things [M]. New York：Basic books，1988.

技术与用户之间关系的关键概念,也为探讨社交媒体与人们的生活及社会发展进程的关系提供了重要视角。随着可供性概念在设计研究、社会学、传播与媒介研究等领域的流行,其内涵日益变得复杂并显示出多面性特征。泰纳·布赫(Taina Bucher)和安妮·赫尔蒙德(Anne Helmond)归纳了五种描述可供性的方式,包括:动物或人与环境的关系属性、感知可供性、技术可供性、社交可供性及沟通可供性[①]。

(二)网络平台的可供性

在网络平台研究领域,技术可供性和社交可供性最常被研究者提及。首先,网络平台的可供性与技术密切相关。布赫和赫尔蒙德认为社交媒体的可供性是通过技术为用户提供的行动可能性,涉及用户运用技术做什么的问题。桑德拉·埃文斯(Sandra Evans)等人则指出,相当多的文献将技术的特征、可供性和结果三者混为一谈。他们举了一个例子解释三个概念的区别:智能手机的内置相机是一种特征,其可供性是可记录性,结果可能是对侵犯人权行为的记录[②]。其次,网络平台的可供性跟人与平台之间的关系密切相关,平台可供性强调平台作为特殊的社会和技术环境,将不同的用户(包括终端用户、广告客户、平台技术开发人员和研究人员等)聚集在一起,可供性体现在平台与不同类型的用户之间的关系中[③]。

对于网络平台可供性的种类,丹娜·博伊德(Danah Boyd)认为社交平台具有四种可供性,分别为:①持久性,自动记录和存档在线发布的内容;②可见性,潜在的受众可以看见内容;③可传播性,内容能够容易被分享;④可搜索性,可以通过搜索来访问网络中的内容[④]。特丽姆(Jeffrey W. Treem)和雷奥那帝(Paul M. Leonardi)归纳了四种社交媒体在塑造组织沟通过程中的可供性,分别为可见性、持久性、可编辑性和关联性[⑤]。埃文斯等人讨论的通信技术可供性包括匿名性、持久性和可见性。安德鲁·施罗克(Andrew Schrock)认为移动媒体具有便携性、可用性、可定位性和多媒体

---

① BUCHER T, HELMOND A. The affordances of social media platforms [M]. New York: The SAGE Handbook Of Social Media, 2017: 233-253.
② EVANS S K, PEARCE K E, VITAK J, et al. Explicating affordances: a conceptual framework for understanding affordances in communication research [J]. Journal of computer-mediated communication, 2017, 22 (1): 35-52.
③ BUCHER T, HELMOND A. The affordances of social media platforms [M]. New York: The SAGE Handbook Of Social Media, 2017: 233-253.
④ BOYD D. It's complicated: the social lives of networked teens [M]. New Haven, Connecticut: Yale University Press. 2014.
⑤ TREEM J W, LEONARDI P M. Social media use in organizations: exploring the affordances of visibility, editability, persistence, and association [J]. Annals of the international communication association, 2013, 36 (1): 143-189.

属性[①]。潘忠党提出了更详细具体的指标去评估媒介可供性。他认为当下新媒体的可供性可分为三部分，分别是①信息生产的可供性，包括可编辑、可审阅、可复制、可伸缩和可关联；②社交可供性，包括可致意、可传情、可协调和可连接；③移动可供性，包括可携带、可获取、可定位和可兼容[②]。

具体到特定的网络平台，Twitter 的转推、回复（@）、标签（#）功能有助于促进交流和传播。西卡纳·塔努帕布伦孙（Sikana Tanupabrungsun）等人发现使用多个主题标签可以将信息分到不同主题下，而 @ 具有澄清信息或确保正确信息到达合适的人从而减少歧义的功能[③]。丹尼尔·哈尔彭（Daniel Halpern）和珍妮·吉布斯（Jennifer Gibbs）分析取自脸书和油管的 7230 条信息发现，脸书比油管提供了更高的可识别性和网络信息访问能力。脸书能实现用户之间更对称的对话，而在匿名度和去个性化程度更高的油管，用户显得相对没那么礼貌。作者认为，当社交媒体提供更多可识别性和给用户提供更大的信息访问权限时，会增加用户与他人互动的责任感和礼貌性[④]。赫克特·波斯蒂戈（Hector Postigo）则发现，油管的技术可供性结构允许用户发布视频和广告，可以让评论者和订阅者彼此交流，可以让用户招募和保留订阅户以及参与虚拟社区活动；它还允许有效收集数据，并将其与广告系统一起转换为收入；而油管的社交可供性构成了社交动态、订户交换和评估系统、竞争、参与式文化等实践[⑤]。

国内网络平台的可供性也吸引了外国研究者的关注。有研究者总结了微博五个维度的可供性，分别为可见性、消息格式、可访问域名、元语音和知情的关联[⑥]。其中，消息格式指发布内容可在页面上呈现不同的格式；可访问域名指一个平台的内容可以转发至其他平台；元语音指对他人的出现、个人资料、发布的内容和活动做出在线反应，简单地说，就是在线互动；知情的关联指在人与人之间、人与内容之间、内容与内容之间建立联系。还有研究者指出微博平台的可供性包括可视性、可编辑性、持久

[①] SCHROCK A R. Communicative affordances of mobile media: portability, availability, locatability, and multimediality [J]. International journal of communication, 2015, 9 (1): 1229-1246.
[②] 潘忠党，刘于思. 以何为"新"？"新媒体"话语中的权力陷阱与研究者的理论自省——潘忠党教授访谈录 [J]. 新闻与传播评论，2017 (1): 2-19.
[③] TANUPABRUNGSUN S, HEMSLEY J, SEMAAN B. Information affordances: studying the information processing activities of the core occupy actors on Twitter [J]. First monday, 2018, 23 (2).
[④] HALPERN D, GIBBS J. Social media as a catalyst for online deliberation? Exploring the affordances of Facebook and YouTube for political expression [J]. Computers in human behavior, 2013 (3): 1159-1168.
[⑤] POSTIGO H. The socio-technical architecture of digital labor: converting play into YouTube money [J]. New media & society, 2016, 18 (2): 332-349.
[⑥] GE J, GRETZEL U, CLARKE R J. Strategic use of social media affordances for marketing: a case study of Chinese DMOs [M] //XIANG Z, TUSSYADIAH I. Information and communication technologies in tourism 2014. Berlin: Springer, 2014: 159-174.

性、可传输性、连接性、交互性和多媒体性[①]。

三、把握网络平台可供性对提升中国企业国际传播的启示

当下，大众不仅使用网络平台来了解产品的信息、购买产品或服务，他们还越来越多地使用平台来讨论和分享企业或产品的相关新闻和信息。这些行为极大地影响着企业及其产品或服务的声誉、销售甚至生存。但是，从上述研究报告来看，我国许多企业，尤其是央企，似乎对这种网络平台的可供性有所忽略，没有充分利用其为自身品牌的海外传播服务。本文认为，我国企业可以从以下四方面着手，积极借助海外互联网平台提升国际知名度和美誉度。

第一，以平台思维和互联网+思维引领企业品牌海外传播工作，大力借助国际主要社交媒体平台进行传播。如今，网络平台已成为人们生活、工作的重要部分，是人们了解各种资讯的重要来源；海外社交媒体平台已成为国际社会了解中国及中国企业的重要渠道。为此，我国企业应充分意识到海外网络平台的传播功能和商业价值，加大相关人力等资源的投入，如设立专职人员或团队负责企业海外社交媒体账号的日常运营，包括多元化内容供给、收集反馈意见、与平台用户开展多种形式的互动等。

第二，强化社交思维和公共关系思维，以"软传播"的方式将企业品牌传播嵌入海外民众的日常生活，提升企业在国际网络空间及国际社会的"存在感"。品牌传播的对象是人，企业的口碑离不开人，企业拓展海外市场，也离不开当地民众的支持。《中央企业海外网络传播力报告》等研究报告指出，不少央企在海外社交媒体平台的账号只发布信息，而缺乏与用户互动。企业的官方账号是它在这个平台的"发言人"，在粉丝看来，没有温度的账号背后可能是同样没有温度的企业。与传统媒体侧重单向传播相比，网络平台融合了人际传播与大众传播的功能，因此也更注重"相互往来"式的传播。企业在利用网络平台开展传播活动时，应具备"社交""公关"意识，将品牌营销变成与客户（消费者）之间的对话。

第三，积极利用海外网络平台的各种可供性，创新我国企业品牌海外传播的方式，开拓更多传播路径。如上文所述，各网络平台的多种可供性为用户提供了多样化操作的可能，如评论、转发、点赞、加标签等功能，有助于信息的二次传播甚至多次传播。网络平台的可见性、关联性、可传播性等可供性，可以帮助企业提高海外曝光率和知

---

① ZHENG Y, YU A. Affordances of social media in collective action: the case of free lunch for children in China [J]. Information systems journal, 2016, 26 (3): 289-313.

名度，既要"在场"，更要"被看到"；可以帮助企业聚集和增加粉丝，尤其是被国外网民所接触和了解；也可以帮助企业通过平台上公开的用户个人信息及其社交网络，了解该平台用户的构成、兴趣、需求、对企业的评价和看法等情况，为精准传播打好基础。平台的关联性不但可以帮助企业与客户及消费者建立联系，还可以帮助企业快速找到需要的信息，通过信息找到相关企业。

第四，把握各个平台运作规律、传播特征和用户特点，有针对性地使用各平台的可供性进行传播。尽管不同的社交媒体平台具有众多类似的功能，但这些平台的可供性不尽相同。例如，脸书用户可识别性和社交网络透明度更高，可能更适合正在寻找潜在客户的企业；推特的圈子与脸书相比更大众化，而近年来国际政治人物似乎更喜欢通过推特发声。在内容传播视频化的今天，成功的品牌形象越来越离不开视觉形象传播，而油管平台的多种技术可供性，可以满足企业这方面的需求。此外，合理使用脸书的群组功能、油管的会员制等，有利于培养忠实粉丝，提升团体成员对企业的忠诚度和归属感。

"走出去"的中国企业已成为我国国际形象建构的重要载体。在当今复杂的国际政治经济背景下，如何提升中国企业的国际形象和品牌传播力成了重要议题。由国资委新闻中心和清研智库联合撰写的《2019年第一季度中央企业海外舆情研究报告》显示，对于我国企业，海外舆情整体意识形态偏见依然非常明显；关于国资国企的报道，政治框架优于经济和社会框架。在这样的国际舆论环境下，我国企业的海外形象建设和品牌传播任重道远，这反映了加强我国企业海外形象建设和品牌传播具有必要性和迫切性。我们要充分利用国际网络平台的可供性，传播我国企业品牌内涵，提升中国企业国际知名度和美誉度，由此助力国家形象的海外传播。这或许是一条值得探索和加强的有效途径。

海外社交媒体中的公众传播主体、特征及其影响*

近年来，以推特（Twitter）、脸书（Facebook）等为代表的海外社交媒体逐渐成为我国对外传播的重要平台。在提升对外网络传播能力建设的过程中，我国一些主流媒体、政府部门和学术机构积极通过海外社交媒体账号发布新闻、澄清事实、引导舆论、传播文化，使越来越多的国外网民听到了中国声音，读到了中国故事。

不过，国外网民对中国官方机构和主流媒体存在长期偏见，西方受众也对政府部门和专业媒体持较低信任态度，这使官方背景的媒体对外传播能力依然受限。同时，相关研究发现，部分中国媒体账号存在产品结构单一、用户圈层封闭、互动率较低、社群化效果不强、对外传播策略与用户偏好存在偏差、涉外内容少且指向不明等不足，整体传播效果依然不够理想。此外，全球几个社交媒体巨头凭借庞大的用户、海量的用户数据、社交化的传播方式，使传统媒体时代全球传播的线下不平等结构关系"平移"至新媒体时代的社交网络上，并进一步通过全球扩张取得垄断优势。

如何突破结构性局限，弥补操作实践层面的不足，合理利用对外传播资源、海外传播平台和优化对外传播战略，依然是亟须解决的问题。随着国际交流的深入、拓展以及传播方式的发展，民间对外传播主体开展更为立体、细节、差异化的对外传播实践，显得越来越重要。海外社交媒体上的民间对外传播力量，可以弥补主流媒体和政府机构在对外传播上存在的时空、话语、主题和传播方式的差异及不足，并形成真正的"全民对外传播"大外宣传播格局。

活跃在海外社交媒体上的三类民间传播主体，在传播诉求、传播渠道、内容形态上，显示了更好的灵活性与浸润性。本文简要分析国内网民、海外华人和国际友人这三大类对外传播群体的主要特征与传播影响，并在此基础上针对对外网络传播提出对策建议。

---

* 张志安，李辉.海外社交媒体中的公众传播主体、特征及其影响［J］.对外传播，2020（5）：7-10.

一、以公众为行动主体的对外传播多元格局

随着全媒体时代的到来以及私人日常生活的媒介化和全球化，对外传播的行动主体构成已不再局限于传统的官方传播机构。社交媒体打破了国内传播与国际传播的二元界限，全球传播同步和共同参与已成为当今生活的常态。特别是随着媒介终端向移动化、社交化、智能化平台迁移，信息传播主体日益丰富、多元化，这也使社交媒体成为促进当今全球传播与话语交流的重要力量。

国家形象是政治、经济、文化、社会、科技、娱乐、教育等多层面构成的图景，需要构成国家的社会多元主体共同参与构建。由公众作为传播主体参与和构成的社交媒体，呈现的国家形象具有丰富性、多元性、开放性、对话性等特征。如果传统媒体时代的国家形象主要是大众媒体受到所在国家的媒介体制、目标受众的信息需求、新闻从业者的意识形态框架等因素影响"建构现实"的结果，那么社交媒体时代互联网超级平台上的国家形象则更多地是以网民群体为主体、以公众表达和互动为基础呈现的"认知现实"结果。

因此，国家形象的叙事和讲好中国故事，将越来越多地吸引社会多元主体的参与。有学者指出，对外传播"理想的状态也不应是官方的主体地位强势，其他主体的地位弱势，而是应由政府官方、传媒、（跨国）企业、非政府组织、民间社团及公民个体等，共同组成国际传播的多元主体"[①]。

海外社交媒体作为全球用户分享生活、发表意见、交流经验的主流工具和交互平台，在创新民间互动方式、参与国际传播与卷入国际话语交流方面的效能越来越强。加之这些社交媒体在传播上具有低成本、高时效、易扩散等特点，它们无疑是承载国际传播功能最为便捷有效的载体。由此，海外社交媒体不仅成为跨国媒体平台和国际传播的新战场[②]，还创造了国家实施大外宣和公共外交的新空间。

二、社交媒体的媒介属性与国际传播功能

按照马歇尔·麦克卢汉（Marshall McLuhan）"媒介即讯息"的说法，社交媒体的

[①] 胡智锋，刘俊. 主体·诉求·渠道·类型：四重维度论如何提高中国传媒的国际传播力[J]. 新闻与传播研究，2013（4）：5-24，126.
[②] 栾轶玫. 社交媒体：国际传播新战场[J]. 中国传媒科技，2012（11）：19-21.

技术属性不仅以人的社会性为内在本质属性，还决定了其他一些具体的属性，如广泛参与性、互动性、对话性、开放性、复向传播性、跨界性、圈层性等；传播内容特质上的情感关联性、泛娱乐化、日常性、碎片化等；传播内容的主题偏"软"，以"人、景、物、文"为主；传播符号以图片、视频、表情包、网络用语等为主。

社交媒体的这些媒介属性决定了其对外传播的行动主体选择与路径模式特征。公众在社交媒体上发起的自我呈现和沟通行为具有公共可见性和情感关联性。从对外传播的角度看，公众在社交媒体上的传播能力，聚合了传播话语和手段方面的智慧，更具有对接不同受众的灵活性、情感亲和性、传播覆盖面以及效果的直接性。同时，受社交媒体的媒介逻辑与日常生活的媒介化驱动，整个社会在信息内容的生产、传播与消费方式方面，都在逐步适应社交媒体属性的方式。消费主义和泛娱乐、社交化的全球趋同性日常生活方式，更多以公众自我呈现的方式在社交媒体上展现，从而编织出一幅全球混杂性的数字媒介文化景观。

公众作为对外传播的实践主体，无论是日常生活中的网络记录还是公共讨论中的网络表达，都使其对外传播更具灵活性、覆盖性、立体化，也更能适应移动化、场景化、社交化的社交媒体平台属性。按照哈佛大学肯尼迪政治学院国际关系学教授约瑟夫·奈（Joseph Nye）的看法，全球政治已变成了竞争性、可信度的争夺，信息时代的权力不仅是军事经济，还关乎谁的故事将会胜出。叙事才是"软实力"的"通货"，传递信息和兜售正面形象，现在最好是由普通公众来完成。

政府对外传播实践、大众媒体的外宣工作作为公共外交的主要力量，优势在于其受众触达的范围较广、对目标用户需求的满足意识和大众传播过程中的设置议程能力较强，但其缺陷是无法影响信息在不同文化环境怎样被接受，不同国家、体制和社会情境中的文化差异很容易扭曲受众接触的信息内容，而对话性的交流方式，相比政府外宣拥有更好的跨文化可信度，也具有更多的内容和风格灵活性[1]。官方机构和主流媒体主导的国际传播，尽管也在主题、话语、内容、符号等方面积极做出调适，但总体上仍然存在宣传主导、过度包装、意识形态光谱单一等痕迹。必须承认的现实挑战是，宣传部门发起的可能带有明显意识形态色彩的价值观传播，在后现代趋向私人化生活方式中，较难获得西方受众的好感和认同。

较之政府外宣和媒体报道，社交媒体平台以社交和沟通为核心功能，传播主体把寻找共同的兴趣和情感关联作为内在心理驱动，从而使得寻找共同的表达元素、话语、

---

[1] NYE J. The pros and cons of citizen diplomacy [J]. The New York times, 2010 (4): 22-47.

情感和兴趣内容成为沟通的必需。因此，公众个体的对外传播行为，较为容易寻找能与西方受众在价值观和趣味上的可沟通性，在思维方式上也更为贴近不同体制和文化情境下受众的接受习性。多元公众主体的社交媒体传播，能够更好地区分在心理、信仰、文化思考和思维方式及行为方式上不同的交流对象，以贴近性与针对性的传播方式向世界传递中国声音。

三、海外社交媒体平台上的三类传播主体、特征及其影响

在国际传播空间从事跨文化交流的主体都可视为国际传播主体。按照不同分析目标所依据的不同范畴，我们可以对这些不同的传播主体进行类型划分。我们主要阐述活跃在海外社交平台上的公民行动者，即普通公众这一对外传播实践主体，具体包括三类：普通网民（青年网民与职业内容生产者）、海外华人（海外留学生与华人华侨）、国际友人（在华与在海外的国际友人）。

（一）青年网民与职业内容生产者

青年群体是我国网民结构中的主体和最为活跃的用户人群，也是海外社交媒体平台的主要参与人群之一。社交媒体平台是青年群体积极参与政治表达、展示和分享个人日常生活及表达身份认同的重要媒介。我国青年一代网民群体，尤其是被称为"数字原住民"的"Z世代"，成长于相对开放、自由、分享、互动的互联网环境下，具有明显的互联网时代群体的社会心态和网络行为特征。

他们与同时代的欧美日等发达国家的青年群体又有所不同。后者普遍成长于经济波动、青年失业与边缘化、政治冲突与社会运动频发等社会环境中，我国青年网民则成长于改革与机遇并存的时代，享受了国家经济社会发展带来的红利。因此，较大规模的青年网民群体表现出强烈的爱国热情、对主流意识形态的认可、对祖国稳定与经济繁荣的期待。同时，他们表现出了超越单纯物质追求的价值观，追求个性价值、兴趣与自我实现，性格上呈现出自信、主动、乐观、执着、坦率、有主见等特征。由于成长于科技进步和技术变革日新月异的时代，他们对技术驱动的网络娱乐、社交、消费有强烈需求。

作为对外传播的实践主体之一，这些青年网民群体一方面主动配合我国主流价值观的对外传播，活跃于海外社交媒体市场，参与意识形态斗争，表现出较高的组织性和自觉性。另一方面他们更多以泛娱乐化和社交化的方式活跃在海外社交媒体平台上，

参与一些流行文化、亚文化、情绪诉求与消费方式等方面的话题讨论。青年网民所开展的国际交流与形象展示，与全球化媒介生活场景中的青年网民，具有较好的互动性和对话性。青年群体这种相对通达的对外传播方式，从自身视角和生活视角出发传递丰富多元的中国形象，其表达更为真切、诚实、易懂，也能够与主流媒体和官方机构的对外宣传形成较好互补。

与青年网民一起进行对外传播的另一个群体是职业内容生产者。随着社会生活的平台化与内容行业运营的产业化，近年来海外社交媒体上兴起了一支重要力量，出现了一些全球网红，他们拥有比较稳定、优质的持续内容生产能力。这些职业内容生产者的对外传播与其他群体不同，他们具有显著的商业化、专业性和独立性特点。尽管其在海外社交平台上的内容投放，初衷是获得商业利益回报，但客观上，中国网红和各行各业网络意见领袖通过专业公司运作，借助海外社交媒体平台助力文化"出海"，将会是对外传播的新方式。

以中国网红"出海"的成功典范李子柒的对外传播实践为例。她的账号在海外社交媒体上走红与其独特的内容形态和符号表达所具备的跨文化可交流性和共情性有直接关系。首先，李子柒的田园山水与静雅的乡村生活，具有奇异的东方地域色彩，而且这种"前现代"的生活方式契合当代西方社会出现的批判消费主义、工业化、环境危机、劳动异化与全球文化同质化的社会思潮；其次，李子柒视频中个人生活日常的呈现，充满恬静、淡雅与满足感的简朴生活故事，不是国家、制度、意识形态等高语境抽象概念表达，能直接触及普通人的情感与生活想象；最后，李子柒的视频呈现了中国普通人生活方式、饮食、器具、风物、民俗、伦理等丰富的视觉符号元素，降低了受众接受的门槛。李子柒账号的视频内容，是纯粹的个人日常生活的自然呈现，看不出有明显的传播目的和影响诉求，更多满足的是普通大众对于自给自足、自我创造的田园生活方式的想象。其叙事文本借助个体日常生活的自我呈现，传达了宁静、自我创造、自我满足的自由与人性的生活方式，使不同受众也能从中感受普通中国人的生活方式，以及性格淳朴、内心满足及人与自然和谐共处等价值观[1]。

---

[1] 关于李子柒案例的讨论，也可参见：任孟山，李呈野.中华文化对外传播的新时代经验与可能路径——李子柒爆红海外给国际传播带来的思考[J].对外传播，2020（1）：16-18.
张毓强，庞敏.生活日常的全球化与国际传播产业化路径的探索——关于李子柒现象的讨论[J].对外传播，2020（1）：1,62-65.

（二）海外留学生与华人华侨

多项统计表明，我国现有 6000 多万遍布世界各地的华人群体。海外华人从事对外传播具有近身性、日常性和在地化的优势，他们通过发挥对沟通双方的语言、文化和思维特点充分了解的优势，深入社区进行"言传身教"。这个群体中的不少人身处当地社会的少数族群中，对中华民族有较强的身份认同需求，也对他们所处国家扭曲中国形象与事实的行为更加敏感。

我们要激发海外留学生与华人华侨自觉、自愿讲述中国改革成就和中华传统文化的情怀，帮助其拓展对外传播平台，可以更为全面、真实、立体地对外传递中国社会现实与价值观。此外，在融入当地社区和本地人群价值观的碰撞中，海外华人群体更容易突破一些官方传播主体对外传播方面的传统套路和固定思维，通过人际传播、群体传播及社交媒体平台上的社交传播讲述更生动、鲜活的中国故事。

比如，海外留学生和华人华侨在"西藏问题"上通过诸多方式努力澄清和反驳西方媒体的扭曲报道[①]，在涉及维护国家主权和领土完整等议题的相关热点事件中通过社交媒体共同发声，进行事实澄清与舆论斗争。

一些华人华侨资源相对集中的地区，地方政府已开始积极利用侨乡的社交网络资源，发挥海外留学生群体和华人华侨的对外传播作用。比如，设立海外传播大使或海外传播志愿者，鼓励他们在海外社交平台上转发有关中国故事的稿件或者发表介绍中国的内容，用多种语言向世界各地的受众传播他们眼中的中国。

（三）在华与在海外的国际友人

在华学习、工作、生活以及在海外的国际友人，有许多人通过切身体验和独立思考向海外公众分享对真实中国的认知和感受。近年来，随着中国国际地位和影响力的提升，这部分群体的数量在增加。他们中的不少人拍摄日常生活的微视频，发布在海外社交媒体上，以表达他们在中国的生活体验，甚至还涌现了一些"洋网红"。

一些在华留学生或海外国际友人的对外传播优势正在得到重视。除了走出去的主流媒体在当地聘用通讯员和特约记者，国内一些地方政府也鼓励在华留学生拍摄视频上传到海外社交媒体，积极传递他们在华学习、工作、生活的真实状况和真切体验。

---

① 李洹. 民间力量近距离传播的"技"与"巧"——也谈西藏问题的对外传播[J]. 对外传播，2009（3）：26-27，46.

此外，还有部分对中国态度友善且长期保持观察的国际学者，他们对本国和中国发展的体制、文化差异具有较强的同理心，或者对中国历史和文化传统比较熟悉，能够在本国主流媒体和政客扭曲或攻击中国形象的时候，独立表达他们对中国的理性评价。

四、鼓励多元公众主体开展网络对外传播的建议

基于上述分析可见，对外传播需要在政府、社会组织、企业和个人共同努力的基础上，不断拓展对外传播的渠道，更有效地讲好中国故事。在平台社会的发展趋势下，社会传播的内容边界被不断模糊和打破，内容消费越来越紧密地渗透在日常生活、娱乐、工作中，多元身份的公众将在对外传播实践中发挥越来越重要的作用。未来的对外传播，除了要继续巩固国家主导的信息生产与传播平台的力量，还需要进一步统筹和优化利用分散的公众传播资源，鼓励、扶持和形成民间力量对外传播的可持续机制。具体可从以下方面着手。

（一）支持中国互联网平台的海外业务发展

当前，全球几个社交媒体巨头凭借庞大的用户、海量的用户数据和多样的传播，形成了"西强东弱"的不平等传播权力结构。海外社交平台在为我国提供新的对外传播渠道的同时，因其信息过滤以及算法推荐的隐蔽性，一定程度上限制了我国的对外传播活动。值得关注的是，以字节跳动旗下的抖音国际版 TikTok、腾讯旗下的 Wechat、阿里巴巴集团旗下的 Alipay 为代表，我国互联网平台的"出海"步伐日益加快，对此应该给予鼓励，最大限度上为其海外业务发展减少政策障碍。这方面格外需要注意的是，伴随这些中国互联网平台的海外用户规模持续增加，相关部门不应急于利用这些平台的海外版进行政治传播或跨文化传播，以免因强化这些互联网平台的意识形态属性而为其海外业务运营带来风险。

（二）鼓励青年网民群体通过海外社交媒体理性发声

抖音国际版 TikTok 在全球百余个国家已经建立了较大影响力，可以按照商业原则，鼓励平台公司挖掘和吸纳一些擅长对外传播的公众在其平台上开设账号。特别是在微博、B 站、抖音、微信公众号上出现的外籍网红，可以鼓励他们在 TikTok 上开设账号，将其影响力从中国的社交媒体平台延伸到海外社交传播平台。

（三）研究中国网红"出海"的内容传播模式与商业运营机制

按照商业逻辑，走产业化路径，是优质对外传播内容可持续输出的保障。尤其是在媒体向社交化、移动化和视频化迁移的当下，各大社交媒体上网红账号的运作越来越走向公司化运营和产业化模式。短视频、游戏、直播平台在全球范围内的影响力越来越大，在各内容垂直细分领域覆盖面越来越广，以私人化公民个体形象进行传播的能力将会越来越强。相关部门应该深入研究中国网红"出海"的传播模式和发展路径，一方面对现有对外传播的内容、风格、题材加以优化；另一方面也在政策上鼓励更多专业公司的中国"网红"出海。不过，不宜对中国网红在海外社交平台上的传播议题和内容等进行干预，而应让其以最大限度的市场化机制来运作。

（四）加强对青年网民群体的价值观引导，避免过度的民族主义情绪

在鼓励青年网民群体开展对外传播的同时，应该加强对他们的价值观教育，增强其对外传播行为中的理性和对话能力，避免过度情绪化的民族主义偏见，避免"战斗性"的话语风格、"攻击性"的立场态度和"侵犯性"的传播姿态。要大力鼓励青年网民群体以理性、平和的风格进行网络表达，在倾听中强化交流，在交流中增进认知。

对外传播多元主体在推特平台的传播策略分析*

一、引言

近年来,我国综合实力不断增强,国际地位显著提高。作为发展中国家,中国始终在全球事务中发挥着自己的积极作用。然而在国际社会中,却不乏反对和诬蔑中国的声音。对于我国而言,身处全新的数字媒介环境之中,如何增强国际传播能力、提升国际话语权、打造与综合实力及和平发展理念相匹配的国际形象,是我国对外传播领域始终在探索的问题。

2021年5月31日,习近平总书记在主持第十九届中共中央政治局第三十次集体学习时强调,讲好中国故事,传播好中国声音,展示真实、立体、全面的中国,是加强我国国际传播能力建设的重要任务。对于中国而言,利用境外社交媒体提升本国的对外传播力,对"讲好中国故事、传播好中国声音"至关重要。因此,关注我国在境外社交媒体上的已有主体所做出的努力,对其传播效果做出研究,以总结经验、分析得失,这对以后更好地在境外开展对外传播具有重要意义①。

时至今日,推特(Twitter)已成为全球最大的社交媒体平台之一。与其广泛的受众基础相对应的,是推特在传播力和影响力上的绝对实力。在新媒体传播的大环境下,我国的对外传播也在进行多元传播渠道、多元传播主体的尝试。早在2013年,中国国际电视台(CGTN)媒体账号就已入驻推特;2019年底,外交部新闻司开通首个经官方认证的国内部委推特账号"外交部发言人办公室",并分别开通了时任外交部发言人华春莹、赵立坚的个人推特账号。同时,以中国公民个体身份活跃于推特平台之上的个体账号不在少数。因此,基于推特自身的影响力和我国政府的海外社交媒体实践,本文将研究目光聚焦于推特这一平台之上,试图讨论如下问题:我国不同的传播主体

---

* 本文作者徐桂权、沙兆杰、曾雨欣。
① 栾轶玫.社交媒体:国际传播新战场[J].中国传媒科技,2012(11):19-21.

在境外社交媒体上的对外传播实践和效果有何异同？他们怎样构建了我国对外传播的社交媒体布局？这对我国未来的社交媒体对外传播实践有何启迪？

二、研究方法

通过观察，本研究将推特上活跃的对外传播主体分为三个类别：新闻媒体机构、外交部发言人及其他具有影响力的个体账号。

在具体研究对象的选择上，本研究综合粉丝数量、代表性及对对外传播议题的关注程度，分别选取《人民日报》、《中国日报》、中国国际电视台作为新闻媒体机构类别中的分析样本；将"外交部发言人"的官方机构账号以及华春莹、赵立坚的个人账号划分至外交部发言人类别；选取胡锡进和张和清两位具有影响力的个人账号作为个体意见领袖代表。其中，胡锡进的身份为《环球时报》特约评论员，张和清现任中国驻巴基斯坦大使馆文化参赞兼巴基斯坦中国文化中心主任，因为他们的推文有较多个人观点，所以归入个体类别。

在研究样本选择上，以2021年11月30日24点为时间节点，本研究选取了各主体账号自该节点前的100条推文数据，共800条数据作为研究样本。数据包括每条推文的发布时间、内容、形式、转发数量、回复数量以及点赞数量等。

在内容主题上，在对推文进行翻译处理并逐一阅读后，根据不同推文涉及的具体内容的不同，本研究将其分为展示科技军事实力、大国担当、中非关系等33个不同的二级主题类目。在以上主题类目的基础之上，以主题表达内核为分类依据，本研究提炼出更为高层次的一级主题类目，将推文分为"展示国家实力""展示国家形象""国内重要新闻""我国外交关系""维护国家主权""他国时事新闻""谴责他国"及"奇闻轶事"八个主要议题。此外，本研究还根据获取的发布形式数据、发布时间数据、点赞等互动数据从不同方面对推文做发布形式、发布频率和互动效果的分析。

三、研究发现

（一）不同主体的议题设置

通过对不同类型主体涉及的各类议题进行分别统计，本研究发现，不同类型账号主体根据自身的职能与优势，关注的议题各有侧重。新闻媒体机构类账号因其较强的新闻属性，重点关注了广泛的国际时事议题；外交部发言人类账号侧重涉及多边、外交领域，表态中国立场；个体意见领袖凭借个体身份的灵活性，在谴责他国政府不当行为、反驳对中国的诬蔑等议题上发挥着重要作用。除此之外，展示与维护国家积极正面的形象作为对外传播最重要的议题之一，同时得到了外交部发言人、新闻媒体机构及个体意见领袖三类主体的高度关注。

为讨论我国对外传播的总体关注方向，本研究对推文一级主题进行了不分主体的数量统计，得出在800条推文中，"展示国家形象"（200条）、"谴责他国"（135条）的一级主题数量最多，几乎占据推文总量的一半。

"展示国家形象"是我国对外传播涉及最多的议题，其一般通过宣传正面形象和反驳污蔑两种方式进行。在宣传中国正面形象时，各主题通常会从直观的议题入手，通过展示中国民众日常来表现人民的幸福生活；通过展示中国的山河风景表明中国是一个生态良好、绿色发展的国家。在生态议题中，熊猫等可爱动物出现的频率较高，且通常能获得较高的互动量和十分积极的评论风向，因为动物与环境展示的这类视频与图片较为客观且赏心悦目，天然给人以好感。虽然意识形态宣传的作用不强，但这也正是它们不易遭到反驳，易于被国外受众接受与认可的原因。在潜意识层面，它们仍能提高国外受众对中国形象的好感度。

反驳污蔑是各传播主体维护国家形象的另一种重要方式，通常由外交部发言人或者个体意见领袖完成，新闻媒体机构在其中发挥的作用较弱。与宣传正面形象时各传播主体大多使用视频与图片为主的形式不同，反驳污蔑的推文通常以文字形式进行，且发言主体会转发污蔑来源进行评论以降低受众的信息搜寻和理解难度，更好地还原经过，展示中国态度。反驳污蔑议题较多不仅反映了我国对国际社会对中国评论的敏锐度增加，还反映了随着国家综合实力的增强，中国的底气也不断增强，绝不容忍他国对我国无端无据的污蔑。不过，众多需要反驳的议题也说明我国国际舆论环境不容乐观，创造友好的国际舆论环境仍然任重道远。

"谴责他国"是我国传播主体在推特上的另一个重要议题。谴责内容包括以美国为首的西方霸权主义、政治与外交中的虚伪与欺骗。部分发达国家凭借发展优势在全球范围内推行霸权主义、强权政治，我国传播主体对他国的不正当行为进行谴责不仅是我国在外交场域中掌握舆论主动权的重要方式，也是展现大国担当，维护公平、公正的国际秩序的重要体现。外交部发言人与个体意见领袖在涉及谴责他国的议题上呈现出良好的分工与互补。外交部发言人作为中国声音的代表，负责向世界表达中国对重大国际议题的看法，严肃且正式地阐述中国的立场和观点。个体意见领袖对"谴责他国"议题的参与大大提高了我国传播主体在该领域关注议题与语言表达的丰富度。以胡锡进为例，《环球时报》原总编辑的"半官方"身份使他一定程度上与外交部发言人一样代表"中国声音"，但是个体意见领袖的身份又使他可以关注某些无须外交部发言人出面但是对中国仍有关注与意见表达价值的国际事件，或者对外交部关注的事件进行补充说明。此外，该身份还使他的发言拥有一定的容错率且允许带有主观色彩，他锐利辛辣的讽刺与批评使他的推文互动量居高不下，既能鲜明地表达态度，又不至于作为国家形象代表发言。因此，在"谴责他国"议题上，外交部发言人与个体意见领袖的分工合作充分展现了我国在海外社交媒体上建立传播矩阵，各司其长，在丰富传播内容、表达中国态度上的优势。

（二）不同主体的发布形式

推特上的信息构成基本多为文字加图片或视频，间或出现单纯的文字、图片或视频形式。本研究对三类主体的发布形式做类别统计，发现以图片或视频配合文字发出的内容占据了总信息数量的绝大多数。由此可以看出，不同主体在基本形式上已经完成了对推特这一平台的初步适应。

不同主体的发布形式都采用了较贴合国外受众的表达方式，如在纯文字形式中，语言表达十分简洁明了，在表述逻辑上也更符合非中文使用者的阅读习惯；而在文字配合图片的形式中，传播主体也使用了讽刺漫画等在国内不常使用但在国外媒体较为普遍呈现的图片内容；同样，在文字配合视频的形式中，视频片段既有正式的新闻片段摘取，也有国内或国外视频平台的流行视频引用。讽刺漫画的应用以及国外视频引用尽可能地追求了不同语言、不同文化国家交流的形式共性，提高了信息的可接触度。这些形式上的改变与适应既是适应社交媒体、符合当代信息获取方式的必要手段，又是我国在对外传播实践中进入海外表达空间的开端。

（三）不同主体的发布频率

在社交媒体运营法则由搜索机制转向推送机制的大背景之下，在推特这一平台上，一般情况下主体发布信息的频率越高，信息相对而言越容易被受众观察到；但频繁的信息推送也有可能给受众造成过重的信息负载，损耗其对单独信息的理解程度，甚至可能直接降低其阅读意愿，对传播效果造成负面影响。因此，不同主体在发布频率上的适宜配合，在一定程度上会使增大信息曝光概率和加深受众理解程度的效果同时产生，从而实现更有效地传播信息。

本研究以100条推文为分析的数量基准，统计出不同主体的发布频率。研究发现，在我国的对外传播总体布局当中，新闻媒体机构、外交部发言人及具有影响力的个体在发布频率上存在着较大的不同（见表1）。新闻媒体机构如中国国际电视台和《中国日报》仅在不到两天的时间内就发布了100条推文，而以个体身份进行表达的胡锡进发布100条推文的时间跨度长达121天。但另一个体账号张和清更新百条推文仅用了8天，显示出个体在更新频率上存在较大的差异。

表1 不同主体推文发布频率

主体	《人民日报》	《中国日报》	中国国际电视台	发言人办公室	华春莹	赵立坚	胡锡进	张和清
频率（天/100条）	4	2	2	92	22	13	121	8

推文发布频率的不同根植于不同账号功能定位的差别。在我国于推特的总体布局当中，新闻媒体机构、外交部发言人和具有影响力的个体分别发挥着信息传递、表明立场、持续跟进讨论的不同作用，在不同方向上产生各自的传播效果。对新闻媒体机构而言，其最大的传播效用在于信息的大量展示和传播。在"非主场"的海外社交媒体上，想要进入对方的媒介表达空间并拥有一定份额的话语权，充分的议题生产和信息展现是必不可少的，而新闻媒体机构则承担起了这个责任。通过大量的信息生产和搬运，包括《人民日报》、《中国日报》、中国国际电视台在内的国内主流媒体进入面向全球的话语空间，尽可能地在国家实力、形象展示以及反击谣言等重要议题上为我国争取到有利的表达空间。对外交部发言人来讲，其在海外社交媒体上的表达则更凝聚在对他国的谴责及立场和态度问题的表态上，一定间隔的发布时间可以体现出我国对重大问题的重视，也更能坚定地反映我国对国家形象、领土主权等问题不容有失的鲜明态度。在具有影响力的个体中，以胡锡进为例，虽然内容发布频率低，但其常针对一个问题作持续讨论和发声，这种集中、单一的话题讨论以及长时间的追踪更有利于海外民众深入了解事实真相，增加对话题的信任度；个人形象在这种持续的话题讨论中被塑造得越发鲜明，由此，该账号下受众特定的情感和交流空间更容易产生。

（四）不同主体的互动效果

为进一步了解受众的关注重点，本研究对不同主体的传播效果也作出了相对初步的分析。本研究将单条推文的互动量计为该条推文下评论、转发和点赞量的总和，以此为量化传播效果的基础数据（见表2）。研究发现，各表达主体的平均互动量存在显著差异。新闻媒体机构的互动量相对较低，而具有影响力的个体及外交部发言人两类主体互动量较高，尤其是胡锡进及华春莹、赵立坚，每条推文都超过700条互动量。但张和清的账号互动量相对较低，反映出个体账号在这方面存在较大差异。

表2　不同主体单条推文平均互动量

主体	《人民日报》	《中国日报》	中国国际电视台	发言人办公室	华春莹	赵立坚	胡锡进	张和清
平均互动量	108.03	67	44.51	371.35	958.45	734.54	1251.07	92.46

对于推特平台上的受众而言，个人身份的主体带有天然的亲近感，更容易降低戒备，突出的个人表征有利于增进推特用户的沟通意愿。与此相比，新闻媒体机构不仅带有官方属性，其机构特征也模糊了具体的沟通对象，不利于主体在认知上产生沟通意愿，因而在互动量上和其他两类主体存在一定差异。另外，发布频率也在一定程度上和互动数量相互影响，二者总体呈现反比特征，即信息发布频率越高，互动量越低。低信息发布频率更有利于受众关注特定信息，对同一话题的持久讨论也更有利于用户长久跟进，提升其黏性和互动意愿。

此外，本研究将各个主体互动量总量位于前十位的推文做汇集统计，发现排名处于前三位的一级主题分别为"展示国家形象""展示国家实力"及"谴责他国"。占比最大的二级主题分别为"反映人民美好生活"与"反驳污蔑""展示中国文化""讽刺西方政治"，即单纯从互动数据来看，推特用户更为关注以上四类内容。"反映人民美好生活"和"展示中国文化"的议题表述方式和展示内容都相对温和，具有更高的可接受度；而"反驳污蔑"及"讽刺西方政治"则更为直接，其话题本身的高讨论度和争议性更为受众所关注。

四、结论与讨论

通过上述数据分析，本研究发现以下结果。

在议题设置上，各主体关注的议题涉及方方面面。在"展示国家形象"等议题上，各个主体都表现出了极高的关注度；而在其他具体的议题设置上，不同主体基于不同的身份属性，在议题选择上各有侧重，精准细分，如新闻媒体机构倾斜议题至别国时事，外交部发言人及具有影响力的个体则在"谴责他国"等相对锐利的话题上发挥影响力。总体而言，多元传播主体在每个重要议题上都不失声、不缺席，形成均衡、匀称的议题设置布局。

在发布频率上，新闻媒体机构、外交部发言人和具有影响力的个体大致以高、中、低三种频率的信息传播发挥着充分传播信息、坚定表明立场以及持续跟进问题的不同作用，也在不同方向上产生了各自的传播效果。

在推文的互动量上，不同主体的沟通效果也由于其身份属性和发布频率存在一定差异。具有影响力的个体及外交部发言人两类主体的互动量相对较高。

总体而言，不论是从议题设置、发布频率还是互动效果来看，三类账号基本呈现出相互配合、相辅相成的重要特征，它们分述着对外传播的不同议题，共同构成了我国在推特上对外传播的总体布局，为"讲好中国故事、传播好中国声音"发挥着特定的效用。相较于过去传统媒体单一主体的信息输送，海外社交媒体上多元主体的对外传播实践已然迈出了相当有跨度的一步，然而要想实现更有效、更精准的信息传播，仍需做出更多努力，如各个主体的传播议题设置更加细分、更有针对性，鼓励更多有影响力的个体使用推特并提升互动量，从而更好地利用境外社交媒体提高我国对外传播的影响力。

民间主体参与平台网络国际传播的路径和策略*

在新的全球信息传播秩序语境中，超级互联网平台为中国网络国际传播提供了新的话语实践空间，有助于扭转我国主流媒体在国际传播能力方面存在的不足。我国需要在平台社会语境中重新思考国际传播战略与路径选择，通过互联网平台把讲述中国故事纳入全球公共话语和平台公共领域的对话[①]。相较于政府主导、媒体参与，在平台社会的语境下，中国的网络国际传播活动应充分、合理地分配不同的话语主体，形成多层次、多主体、多元化、多价值的传播视角。

值得注意的是，全球网络社交媒体版图正在发生变化，中国基因的网络平台正变革过去单纯以美国为主导的全球网络平台市场占有格局。字节跳动旗下的海外短视频平台 TikTok 截至 2022 年 9 月 27 日全球月活跃用户数量已突破 10 亿大关。从用户规模上看，脸书（Facebook）、微信即时通（WhatsApp）和照片墙（Instagram）位列全球前三，TikTok 的迅速崛起使发展中国家的社交平台进入全球社交平台版图的重要位置，而且在中华文化全球传播领域中发挥重要、积极的作用。

本文提出，为丰富我国国际传播话语，应增强不同传播主体的主体意识，从而提升我国国际传播内容的多元化、个性化和生动性。民间主体作为我国网络国际传播的重要参与力量，如能充分调动他们的积极性，引导民间主体以普通网民私人身份和"人格化"形象开展国际传播，淡化官方机构在国际传播中所占比例，有助于促进国际社会多角度了解真实、复杂的中国。就战略和路径选择而言，平台社会语境下民间主体参与网络国际传播，可重点从以下几方面切入。

---

* 张志安，唐嘉仪.民间主体参与平台网络国际传播的路径和策略［J］.对外传播，2022（2）：72-75.
① 张志安，李辉.平台社会语境下中国网络国际传播的战略和路径［J］.青年探索，2021（4）：15-27.

一、更多鼓励"在场"青年网民通过全球互联网平台积极参与国际传播，以"第一人称"讲述中国故事

青年网民是社交媒体平台的主体和最为活跃的用户，具备既符合跨文化交流又符合平台传播需求的表达形式方面的偏好，他们所开展的国际交流和形象展示与全球化媒介生活场景中的青年网民具有较好的互动性和对话性。随着我国走出去的海外青年网民人数的增加和新媒体素养的提高，越来越多的青年网民会使用海外互联网平台，如推特（Twitter）、脸书（Facebook）、油管（YouTube）、照片墙（Instagram）等，我国可积极鼓励和引导身在海外的青年网民群体参与互联网平台上"中国故事"的讲述，以"第一人称"的角度掌握传播主动权，以提高我国的国际话语权。就青年网民群体的对外传播策略而言，至少有三方面工作需要加强和重视。

第一，以短视频渠道为重要抓手，利用青年流行文化产业增强对外传播的内容支撑力。例如，借鉴本土网红的成功经验发掘"素人"Vlogger，鼓励他们在海外社交媒体上开设账号，讲好"中国故事"。

第二，推进传播主体多元化，采用多种机制鼓励专家学者、留学生、海外华侨华人等参与国际传播。比如，留学生、海外华侨华人、国内青年网民通过 VPN 等参与油管影视剧评论区的讨论，也能起到传播中国文化与形象的作用。

第三，积极鼓励海外在华青年网络意见领袖在所在国际传播舆论场强化影响力和知名度。我国可以研究中国"网红"成功案例的传播模式和发展路径，优化现有对外传播的题材、内容和风格，保障优质对外传播内容池的可持续积累与输出。同时，可参照国内互联网"洋网红"的成功模式，发掘并打造跨文化"洋网红"，鼓励他们在海外社交媒体上开设账号，将他们的影响力从中国的社交媒体平台延伸到海外社交媒体平台。

二、突出通俗化表达和生活化视角的"软传播"思路，强化网络国际传播的交流感和故事感

建立接近性和共情感，是国际传播可接受的基础。可从个人化视角、生活化视角、情感化视角，在日常生活的真实记录中展示个人真情实感、个人与发展时代紧密联系的命运历程，呈现可触、可感的真切故事。交流感和故事感是民间主体参与我国网络国际传播行动中应突出和强化的内容特征，可加强以下几方面的工作。

第一，充分运用好海外留学生、中国移民二代、对华友好人士等民间主体力量。他们生活或穿梭于中西方社会，他们的视角更加具有跨文化的同理心，他们既了解西方国家对中国的"误解"之处，同时又熟悉中国的"好处"，其传播更具有在不同文化社会情境中生活的在地性，可在更加微观和透明的社交叙事中增进不同国家受众对中国的真实观察和体验。由他们来传播"中国故事"议题，更可能建构起在全球范围内获得不同族群认可、被跨文化群体普遍接受的"世界故事"。

第二，在故事化表达和生活化视角的网络国际传播过程中，我们也要尝试建立时空思维，强化对话和连接意识。民间主体参与网络国际传播时应把中国发展进步的故事与全球共同进步关联起来，以"人类命运共同体"思维来尝试自身与他者，中国与世界在地理、心理上的接近性；注重在叙事层面通过呈现世界发展的多元逻辑、强调尊重制度差异的前提下，阐明中国道路和中国主张，争取中国价值观和体制道路的被认同和拥有号召力。

第三，民间主体应理解国外民众的文化思维，建立他们听得懂、易接受的话语体系。从东西方共同认可的普遍价值和"人类命运共同体"视角出发，进行"软"传播，才可能"润物无声"地影响民众认知，进而改变舆情倾向。我们可鼓励民间主体从跨文化的角度出发，以生动、故事性强、生活化的感受呈现对中国的理解，不断丰富中国故事、中国元素内容池，包括城市化、消费水平、科技进步、物质增长、国民福祉、碳中和等议题。这些都可以由民间主体发声，向国际社会传达更多元的中国声音。

第四，鼓励电影制作机构、导演和演员，利用好油管、TikTok等海外社交平台发布艺术类、文化类软内容。以TikTok为例，时尚类、美食类、舞蹈艺术类等内容的点击量高、受关注度也比较高。短期内，可鼓励青年网民群体多利用海外社交平台输出相对软性的中华文化相关内容，如中国风舞蹈、中国电影等艺术内容，在潜移默化中激发受众对中国的兴趣，影响他们对中国的态度。条件成熟时，可考虑在主要欧美国家成立MCN机构，在TikTok等海外社交上投放更多符合当地文化特点、具有感染力和吸引力的原创内容，以潜移默化的方式增进西方受众的中国认知。

三、理解不同类型互联网平台的差异特点和传播规律，以差异化的运营和内容投放方式提升网络国际传播的针对性和实效性

在对外传播时，"说出来"并不等于"被听到"，要进行成功的国际传播实践，需要在理解国际互联网平台舆论生产规律的基础上，搞清楚"怎么说"和"谁来说"。在

文化差异和认知偏见已然存在且可能长期存在的情况下，在网络国际传播中沿袭陈旧的"推己及人"的"硬"宣传方式，使用官方语言、突出官方位置，不但不会改变西方民众的认知，反而可能强化对立关系。在平台社会化的语境下，网络国际传播的实践需要在良好的平台生态环境下孕育出来，充分尊重国际互联网平台的舆论传播规律和海外公众舆论心态特征，由此，至少有两项工作需要进一步加强和关注。

第一，不能搞包办替代和整齐划一，要给互联网平台的运营和发展提供足够的自由度，鼓励探索、实验和创新。鼓励民间力量在一些海外平台上自主探索多元化、生动化、丰富化的内容创作，引导广大网民，尤其是青年网民群体基于自身对中国历史文化、社会发展、国情现状等问题的认知，将自身的国族情感投射于内容生产与消费、群体组织与动员过程中，从而推动我国网络国际传播的进一步创新和实践。

例如，中国CG画师乌合麒麟因在社交媒体上创作和发布具有强大冲击力和话题性的时政画作而引起了海外媒体和公众的关注。作者直接介入了种族问题、战争问题、人权问题等国际争议性事件，借助漫画的形式透过网络社交媒体表达了鲜明的政治立场，代表了中国青年一代针对国际时事的意见，是民间主体参与网络国际传播的一种新路径。

第二，把握不同类型互联网平台的特点，在差异化运营过程中提升网民新媒体素养、增进国际传播效果。要确保民间主体参与网络国际传播的过程中能够精准把握不同平台的特点，熟练运营社交媒体，打通传播渠道，进行内容策划，提高我国国际传播在全球网络舆论场的影响力。比如，李子柒以极少的文字和精美视频传递，降低了跨文化交流门槛，在国际网络舆论场赢得了极大关注，甚至引发了其他国家民间社交媒体账户的借鉴。再如，当下国内青年网民、海外华侨华人网民都重视以Vlog形式在社交媒体平台展示中国城市空间、关注当代和传统文化、展示多元真实的中国生活，具有较强的传播效应；在海外网络平台投放中国相关内容时，要遵循平台传播的客观规律，如油管适合发新闻、时政类主题的中长视频，脸书的舆论属性和时效性都比较强，TikTok则更适合发文化、艺术和生活类短视频，如引起全球关注的"云南大象回家"的视频在TikTok上获得了200多万点击量。

四、弱化民间主体的网络民族主义情绪，尽量避免诱发过激的国际网络民族主义事件

当前，海外不少媒体批判"中国官方宽容和鼓励网络民族主义情绪"，国内网民在

一些国际事件中表现出来过激的民族主义情绪已经成为海外媒体抨击中国的重要议题。为进一步提高民间主体力量在网络国际传播活动中的参与水平，我国应警惕民间主体网络民族主义情绪过度高涨的问题，对网络民族主义情绪进行有序、有效疏导。

网络民族主义情绪过激的特点之一是"捧杀中国""唱衰西方"。这一舆论情绪的问题在于激化西方国家和国际舆论场固有的对中国崛起的担忧和恐惧，强化中西方对立情绪。这不仅不利于未来中西方在国家层面建设友好关系，还有可能在民间交流的层面造成负面影响，加大我国外宣工作开展的难度。适时引导网民以理性的态度参与国际事件讨论，将更有利于我国在国际社会树立进步、文明的新时代形象。

网络民族主义情绪高涨还可能掩盖当前我国国际传播工作"外宣内宣化"的局限性。近年来，诸多由我国网民主导的网络爱国主义行动都有"内部狂欢"的问题，虽然活动的影响范围已经辐射到国际舆论场，但是舆论场呈现出来的是一种虚假的繁荣状态，国际传播效果并不理想，反而可能造成"国内狂欢、国外抨击"的问题。因此，我国在动员民间主体力量参与网络国际传播的过程中，也应警惕当前泛滥的、有走向极端化趋势的网络民族主义情绪问题，民间主体应充分释放对话善意，积极采取互动和交流姿态，而非对抗和冲突立场，避免因过分强硬的态度而引发西方国家和国际舆论对我国的恐惧和反感。

为此，民间机构和网民群体在海外社交平台上的内容可以更多从中华文化角度来进行创作，如在 TikTok 上搜索"中国"，相关主题的总数超过了130亿，主要视频内容包括中国传统工艺、民俗文化、饮食文化、民俗风情、国宝熊猫等。

综上，在平台社会语境下，国际传播是一个需要各方力量协同合作的过程，政府可以恰当姿态出现在传播活动中。要避免"硬"宣传的传统模式，应将从宏大叙事展示中国形象、中国文化的官方视角转变为重视细节、寻求共鸣的民间视角。同时，要进行柔性、长期的培育，少做机构发声和观点输出，多推动内容平台建设和内容生态培育。要充分调动民间的积极性和创造性，鼓励探索，强调合作，激活群众的智慧和力量，培育和鼓励民间力量积极参与网络国际传播，探索新时代讲述"中国故事"的新路径和新思路。

多元主体参与国际传播的视觉实践*

2022年10月16日,习近平总书记在中国共产党第二十次全国代表大会报告中指出,要增强中华文明传播力影响力,展现可信、可爱、可敬的中国形象,这一表述为新时代国际传播理论与实践提供了指引①。与"真实、全面、立体"相比,"可信、可爱、可敬"表明国际传播需要以受众情感认知和传播效能作为导向,进一步增强国际传播在可信度、影响力、认同感方面的传播实效。当前,视觉影像元素不仅适应移动化传播场景下受众信息获取的习惯,更有助于信息的跨文化解读和内容生产主体的多元参与,从而进一步提升国际传播效果。为此,本文基于国际传播的宏观背景和社交平台发展的传播语境,分析怎样利用视觉作品探索国际传播的新路径。

一、导言

国家形象不仅是一种无形资产,还是国家软实力的重要组成部分。自20世纪70年代末我国实行改革开放政策后,特别是中国加入WTO和举办北京奥运会以来,随着国家实力和国际地位的提升,中国日益走近世界舞台的中央,部分中国经验、中国方案和中国智慧得到国际社会认可。但是,不平衡的话语体系和国际传播秩序,仍然是我国国家形象构建和国际传播面临的挑战。西方国家对中国的污名化攻击或公众在长期浸润中形成的刻板印象,短期内很难改变。如美国皮尤研究中心于2022年4月28日公布的一项民调报告显示,82%的美国人对中国持负面看法,这比2020年的数据上升了9个百分点②。可见,增进各国对真实、复杂中国的认识与理解,构建可信、可爱、可敬的中国形象,仍然严峻和紧迫。

---

* 张志安,孙玮.多元主体参与国际传播的视觉实践——以《华为的100张面孔》和《海外员工看中国》为例[J].对外传播,2023(1):40-42,75.
① 光明网.展现"可信 可爱 可敬"形象 提高中华文化对外传播影响力[EB/OL].(2022-10-27)[2022-12-01].https://m.gmw.cn/baijia/2022/10/27/36117501.html.
② 北京日报客户端.民调称超八成美国人对中国持负面看法,外交部回应[EB/OL].(2022-04-29)[2023-10-11].https://baijiahao.baidu.com/s?id=1731432622061799215&wfr=spider&for=pc.

传统以主流媒体为载体的国际传播，主要形态是图文报道和电视新闻。20世纪80年代，随着媒介技术的飞速发展，视觉图像逐步成为传播的主要载体和人们接受信息的重要方式。学者周宪在《视觉文化的转向》一文中指出，视觉化改变了传播活动的传统形态，成为文化传播的主导因素[①]。相较于文本、图片和广播，视频被认为是一种更具吸引力、更能满足受众信息接收体验的叙事媒介。

视觉传播在新闻传播实践中主要形式包括慢直播、短视频、视频播客、纪录片和电视剧等。这些各具特色的视觉传播作品能够充分调动受众视觉和听觉器官，相比于以图文为主的传播形式更具有画面感和现场感，更能够直观有效地传递立体、丰富、多样的信息。就用户偏好而言，视频形式更加契合年轻受众的阅读习惯，并吸引其进行分享、评论，寄托其情感认同，满足其社交需求，视频形式在社交媒体平台成为国际传播主阵地的背景下更具优势[②]。当下，以油管（YouTube）、TikTok为代表的海外平台，以抖音、快手为代表的本土平台，快速促进短视频业态的兴起，全球传播生态也进入了以视频信息为主的阶段。其中由于短视频的视觉化、碎片化特征契合互联网受众的信息接收习惯，故以短视频为途径进行的国际传播活动将有更大的发展空间[③]。除李子柒在油管平台上的短视频走红成为"现象级"事件外，云南大象迁徙视频、中国国际电视台主题短视频与纪录片等均是国际传播领域短视频实践的积极探索。

二、两部作品的案例分析

（一）竹内亮的《华为的100张面孔》

欧美各国近年来对中国企业华为的制裁，使其成为国内外民众关注的焦点。从2020年12月起，导演竹内亮开始拍摄系列纪录片《华为的100张面孔》（如图1所示），他进入华为深圳总部、华为上海研究所，通过探索一个个华为人和华为故事，让世界了解华为的"真面孔"。目前该纪录片共上线两季，第三季世界篇于2022年9月开拍，主要拍摄坦桑尼亚、巴基斯坦等10个国家华为员工的故事。《华为的100张面孔》系列作品最大的特点在于，通过外籍导演的视角以故事的形式呈现企业形象，突出记录过程中的个体、真实和情感表达。竹内亮以幽默方式同受访者进行交谈，在了解其工

---

① 周宪.视觉文化的转向[J].学术研究，2004（2）：110-115.
② 徐胥，张虹.生态系统视角下移动短视频发展再思考[J].传媒，2020（4）：45-47.
③ 王沛楠.短视频平台：拓展对外传播的蓝海[J].国际传播，2018（3）：19-25.

作内容的同时通过小切口的细节展现其日常生活的状态，为各国观众分享一个个朴实的故事和生动的人物形象。

为保证真实性，竹内亮拍摄之初在与华为签订合作协议时提出"主要是能给我保证真实就行"。在拍摄过程中，他也毫不避讳地提出"现在华为被西方国家讨厌""华为的背景有没有中国政府"这样尖锐的问题。后期剪辑时，还保留了大量贴近生活的细节，以此增加了纪录片的亲切感和可靠性。

图1 《华为的100张面孔》截图

（二）《新民晚报》的《老外讲故事·海外员工看中国》（图2）

在共建"一带一路"倡议等的支持下，中国企业"走出去"的步伐不断加快。《老外讲故事·海外员工看中国》是由中共上海市委宣传部、新民晚报社等联合出品的百集融媒体产品，短片采访了100位来自40余个国家就职于中国企业海外分公司的职员，用接地气的方式讲述他们眼中的中国，上线播出的前39集浏览量达4.76亿次[①]。

《老外讲故事·海外员工看中国》系列产品在策划上别具一格、富有创意，其在内容制作与传播上实现了从宏大视角、政府视角和中国视角到个体视角、企业视角与国际视角的尝试。这些中国企业的海外员工能从个人职业的发展与日常生活讲起，具有更强的代入感，对外国受众更有吸引力。此外，国际化场景的呈现也是本片的优势之一。该系列产品拍摄范围遍布全球，片中人和故事主体在不同国家和地区，这种表述

---

① 新民晚报微信公众号.向世界真诚展示中国企业新形象!《老外讲故事·海外员工看中国》前39集浏览量4.76亿次［EB/OL］.（2022-10-16）[2022-11-17]. https://mp.weixin.qq.com/s/UJWkQuFv2Hlup3VEupUDvw.

并非以中国为中心，对当地受众更具亲和力，有利于跨文化传播中文化的转化和落地。

图 2 《老外讲故事·海外员工看中国》截图

（三）国际传播中视觉作品的价值

在国际传播领域，视频能够将复杂的文化内涵转化为灵活动态的符号文本，能降低跨国群体对信息的认知门槛，也便于通过价值理解和情感共振构筑共情合意的空间。包括短视频在内的多模态话语的运用能够形象、生动地阐释中国概念，以相对轻松、娱乐化的方式推动中国概念的话语创新和中华文化的传播，进而推动国家形象的塑造。分析《华为的100张面孔》和《老外讲故事·海外员工看中国》这两个系列作品，至少有四方面国际传播价值。

第一，推动国际传播主体多元化。在国际视觉传播中，需要激发各国际传播主体的能动性，将政府统筹规划作用、企业先锋作用和用户内容生产等力量汇聚起来。上述两部作品的制作融合了各方力量，通过展现企业及企业员工的形象和观点推动传播主体多元互动、相互补充，从而全方位、多角度地展现中国形象，在提升国际视觉传播内容的质量、专业性和个性化的同时提升了传播效果。当下，企业在国际传播中的力量和角色也越来越凸显，其作为一种中间形态能够更丰富、更多元、更持续地推进体系化的国际视觉传播。这两个作品均以中国本土的跨国企业为叙事者，是拓展中国企业"出海"新通道、推动优质视觉传播内容"走出去"的有力尝试。

第二，提升国际传播生产在地化。在中国文化传播效能的提升过程中，与当地文化语境和现实情况的衔接适应不可或缺，为此需要制定分众化、精准化的传播策略。《老外讲故事·海外员工看中国》系列短片贯穿了受众本位和本土化理念，将在中国企业工作的外国人等群体作为主要对象，展现外籍人员在本地的工作生活场景。使用当地语言进行讲述，其视角更加具有跨文化的同理心，视觉传播内容更具有在地性，可在更加微观和透明的社交叙事中增进不同国家受众对中国的观察和体验。

第三，突出国际传播视角生活化。建立接近性和共情感，是国际视觉传播具有可接受性的基础。生活化、日常化的真实记录，能够拉近视觉传播作品与观者之间的距离，朴实的人物形象、纪实的镜头呈现和普通的生活场景，更易于国外受众理解其所含的文化观念。《华为的100张面孔》拍摄地点既包括被访者的工作场所，又包括下班后或休息时的咖啡厅、餐厅等餐饮场所，个别情况下竹内亮也深入被访者的家，很多场景对于"打工人"来说也非常熟悉；《老外讲故事·海外员工看中国》系列短片聚焦外籍员工的叙述视角和生活场景，让外国观众观看时更有熟悉感、亲切感和代入感。

第四，增进国际传播的共情合意性。共情能够超越民族国家间的差异连接自我和他者，在国际视觉传播中引入触发共情的元素能够显著促进相互理解并在一定程度上减少跨文化传播中的误读现象[①]。在可信、可爱、可敬三个表述中，可爱的形象指向了具有亲和力、趣味化的传播内容和传播方式，能够增加积极情感并加深情感体验。以上两个作品，不仅运用了包括中国美食、稀有动物等现有惯用的文化符号，更努力发掘一些既有冲击力又能促发"意义互动"、激发普遍共鸣的文化符号，如节能减排、动物保护等；同时，把握国际社会对中国真正关切的焦点议题，以"人类命运共同体"思维来拍摄作品，增进中国与世界在地理、心理上的接近性。

三、加强国际传播中的视觉实践的启示

（一）强化可供性思维，提升互联网平台传播效果

国际传播中的视觉作品兼具生产创作与审美消费两方面属性，借助互联网平台评论、转发、点赞等行为可实现更广泛的内容触达和更多元的社交参与，增强用户的体验感和参与感，提高传播的覆盖力和渗透力。目前，国际视觉传播主要借助在全球范围具有用户和流量优势的海外互联网平台，使得传播活动易受到不确定因素的影响，故我们在强化现有海外传播阵地的同时，需要搭建和拓展自主可控的国际传播平台，努力实现从"借船出海"到"造船出海"的转变。为此，我国可鼓励互联网企业加大

---

① 徐明华，李虹.国际传播中的共情层次：从理论建构到实践路径[J].对外传播，2022（8）：53-57.

资金、人才等方面的投入，积极拓展海外传播渠道，分阶段、有重点地培育出用户量大、活跃度高、影响面广、技术自主、为我所用的视频传播平台，以保障多元、优质视频内容的持续供给。

（二）借助普通人视角，构建协同的传播网络

系统性、协同性是做好国际传播工作的重要原则。由于各类视频创作者和发布者各具特色和优势，故将用户创作的平民视角优势和专业制作者的优势相结合，能够进一步提高视频作品的国际传播效果。这需要加强具有较强专业能力的视频制作团队与有影响的海外意见领袖、新闻媒体、政府部门等多元主体之间的合作，构筑专业、协同、高效、有影响力的国际视觉产品创意、制作和传播矩阵。比如，"网红工作室"是主流媒体对外传播过程中探索出的新兴形式。中国外文局下属的纪录片传播机构"解读中国"工作室将国际知名导演、外籍视频制作专业团队与海外发行平台相结合，充分发挥其所具备的政策优势和市场化经营方式，所制作的《一路象北》《柴米油盐之上》等多部作品获得了积极反响。

（三）推动市场化转型，培育开放的组织文化

中国跨国企业在对外传播过程中扮演日益重要的角色，是展现国家形象的重要名片。由北京师范大学、《中国日报》、光明网联合发布的《中央企业海外网络传播力报告》等显示，中国企业在境外的曝光度有所提高，但其在对外传播总体设计、内容规划、平台利用和人才培养等方面的能力有待提升。这要求企业在走出国门的过程中将自身的经营活动融入世界发展大背景，培育开放包容的组织文化，在广阔的世界舞台上主动设置议题，通过视觉传播产品讲述企业故事，展示品牌形象。比如，中国东方航空集团有限公司在其"Meet U in China 东航＋城市"策划中将企业品牌同城市文旅相结合，通过外籍员工讲述城市风情，吸引众多海外网友"云游中国"；2021年和2022年进博会期间发布的唱跳 MV 和凌燕空乘相关视频在推特（Twitter）上获得近千的点赞量，以生动方式讲述了航企故事，展示了中国魅力。

（四）阐释中国式现代化，创新叙事的话语体系

中国在长期的改革实践中走出了一条不同于西方模式、符合本国国情的中国式现代化道路，如何利用视觉传播阐释中国式现代化实践历程及其优势，构筑中国式现代化相关的话语体系是重要问题。在我国国际传播实践中，"自我视角"与"国家叙事"

这样宏大的叙事角度，使部分传播内容充满宣传色彩，过度聚焦重大和严肃性议题难以引发海外受众的共情和共鸣。为此，需要视觉传播作品不断创新表达方式和叙事语态，借助平民化、生活化的视角，通过个人日常生活和亲身经历等细微之处来展现中国式现代化的成就。在这个过程中，还要以人类共通的情感、价值观念为连接点，拉近与海外受众的心理距离，实现情感共鸣。

当今中国在融入世界的进程中正面临着时代之变、世界之变、历史之变，因此在推进国际视觉传播的过程中，我们需要以国内外社交平台为主阵地，以视觉内容为主产品，以情感共鸣为主目标，通过多元主体的参与协作推动国际视觉传播实践；同时，发挥企业"排头兵"的作用，鼓励中国企业在开展海外业务和国际交流的同时运用海外社交媒体平台，通过个性化和精准化塑造有亲和力、有责任感的品牌形象，在提升自身美誉度的同时展现可信、可爱、可敬的中国形象。

中美平台竞争格局下的算法治理与中国国际传播的提升路径*

一、研究缘起

算法（algorithm）是指通过对用户行为进行收集和分析，挖掘用户对信息内容的喜爱和偏好特征，构建用户画像，从而达到针对用户的精准化信息投放的智能传播技术。算法推荐对网络传播产生直接而复杂的影响，正面影响体现在满足用户个性需求、高效生成分发信息、提升智能传播水平等方面，负面隐忧则包括可能导致"信息茧房"、降低传统编辑的把关权威、受限于商业利益操控等方面。近年来，伴随算法与国际社交网络平台的兴起，围绕平台话语竞争的国际传播议题备受关注。算法传播已经成为当前国际信息传播的新范式[1]。

国际传播（International Communication）从传播方向来看包含两个方面：一是"从内而外"的传播，即把本国的政治、经济、文化等信息向国际社会传递；二是"从外而内"的传播，即国际社会将重要事件、信息、观念等内容向国内民众进行传播。从国际传播和舆论博弈的角度来看，算法技术的生产分发逻辑越来越深刻地影响着国际传播场域下的话语角力格局，国家形象的建构和国际话语权的争夺已经逐渐发展成为各国之间的算法技术博弈。算法技术成为当前以中美国家为首的世界强国在国际话语竞争中的重要"软实力"。同时，由于国际传播包含的信息传递方向是双向的，即对于一个国家来说，国际传播的问题不仅在于如何更好地向国际社会进行国家形象的推广和话语的建构，也要注意和警惕其他国家通过国际传播的手段和方式对本国民众产生意识形态层面的影响。

---

* 张志安，唐嘉仪.中美平台竞争格局下的算法治理与中国国际传播能力的提升路径[J].对外传播，2022（10）：4-7.
[1] 罗昕，张梦.算法传播的信息地缘政治与全球风险治理[J].现代传播（中国传媒大学学报），2020（7）：68-72.

自中美经贸冲突和摩擦发生以来,以互联网平台竞争为主要特征的中美网络话语竞争已成为中美关系新一轮互动的竞争领域之一,以中美平台跨界比较和竞争为主要内容的中美国际传播竞争局势逐渐复杂。本文从算法与平台话语竞争、算法对国际传播的影响、如何通过算法技术进一步增强中国国际传播能力和话语权三个方面着手,围绕在中美平台竞争比较的现实语境下如何进一步通过开发和利用算法技术来提升中国国际传播力的问题展开全面分析,并在此基础上提出算法治理与加强国际传播能力的路径。

二、现状:算法技术驱动的中美互联网平台竞争格局

有学者研究指出,算法逻辑和技术转移颠覆了国际传播的格局,并且推动国际传播高地向扁平化格局发展[①]。技术驱动作为全球传播生态的焦点特征之一,突出影响是以数据和算法为智能传播的核心力量,并呈现出"颠覆以美国作为绝对领导的西方中心传播格局潜能"[②]。总的来说,结合当前全球传播舆论场的权力话语分配格局和现状特征,以中美两国为首的平台竞争格局,在整体上锚定了全球舆论场国际传播的内容生态,中美两国在国际网络舆论场的话语和传播竞争逐渐向平台治理下的算法技术竞争转移。在这一过程中,中美两国的互联网平台国际传播格局具有以下三大特征。

第一,全球传播的网络舆论场形成了"美国体系"和"中国体系"共存且竞争的平台发展局面。总的来说,在算法技术的发展水平方面,美国依然具有较明显的领先优势,以脸书、谷歌、推特、亚马逊、照片墙(Instagram)等为代表的超级跨国数字平台在数据收集和算法分析领域中占据领先优势,以数字化方式驱动美国当前的网络国际传播活动。中国凭借以抖音国际版 TikTok 为代表的平台在全球用户中的影响力,在国际传播算法技术的竞争中也形成了较强的追赶优势,在国际舆论上关于"中国声音"的网络传播也受到越来越多的关注。总的来说,以中美两国为代表的社交平台已经整体形塑了国际网络传播新生态,也意味着中美两国在平台场域下的国际传播活动在整体上决定了全球网络国际传播的新格局,同时将左右未来全球网络国际传播的发展态势。

---

① 张洪忠,任吴炯,斗维红.人工智能技术视角下的国际传播新特征分析[J].江西师范大学学报(哲学社会科学版),2022,55(2):111-118.
② 方兴东,钟祥铭.国际传播新格局下的中国战略选择——技术演进趋势下的范式转变和对策研究[J].社会科学辑刊,2022(1):70-81.

第二,中美两国的国际传播话语主阵地向网络平台转移,而算法技术则成为两国平台竞争的技术焦点。算法正在深层次改变当前全球社交平台的格局,同时降低了传统主流媒体在国际传播格局中的绝对影响力。谁能掌握算法技术的优势,谁就能在网络国际传播的空间中建立起竞争优势。在传统的国际传播格局里,以《纽约时报》、《华盛顿邮报》、美国有线电视新闻网(CNN)等为代表的美国媒体对国际舆论的影响作用尤为突出,但是进入智能算法驱动的传播时代,普通大众更多地参与到国际网络传播活动中,作为"个体"节点的平台用户在国际舆论场的话语影响力越来越显著。而这些"个体"不一定是真实的人,也可能是由人工智能和算法技术促成的社交媒体机器人。自2022年以来,社交媒体机器人生产的平台信息就在北京冬奥会、俄乌冲突等多个全球性事件中产生重要的舆论影响力。通过数据捕获来进行智能化传播,以算法驱动来实现国际传播,在竞争活动中建立大数据和人工智能优势,是当前中美两国需要直面的挑战。

第三,算法技术的变革和发展格局带来了国际传播格局和秩序的重塑,中国在面对美国的国际舆论话语争夺博弈中迎来了新的机遇。在传统的国际话语权力分配格局下,"西强东弱""美强中弱"是一个长期存在的事实,而国际互联网社交平台的流行和兴起则赋予了中国一次参与争夺国际话语权的机会,使国际话语权力的博弈过程进入技术竞争、技术驱动的全新赛道。在一些重大国际议题中,中国可以通过算法技术,提高国际传播内容生产的效率,在国际社交平台上释放出更大的声量,在相对扁平化的互联网传播场域下争取更大的国际传播话语权,并对全球政治、经济、文化产生更大的舆论影响力。

三、效应:算法技术对中美平台竞争背景下中国国际传播的影响

由多元主体参与、算法技术推动的网络传播已经成为国际传播的新潮流。国际化社交平台的兴起使这些平台成为当下网络国际传播的新渠道、新空间、新工具。从某种程度上说,以算法技术为信息生产主要逻辑的国际平台重塑了当前国际传播的新格局,也触发了一个现实问题的思考意义——如何利用算法技术帮助和促进中国在中美互联网平台竞争的国际舆论场域下获得更大的传播话语权。

有学者研究指出,"多元化的传播主体、扁平的内容产销机制、去中心化的规制转

型、基于连接的个体参与文化"是算法技术介入下数字平台国际传播的主要特征①。算法技术是一项中立的技术工具，从目前的发展和应用水平来看，基于算法的互联网平台治理模式对中美平台竞争背景下的中国国际传播产生复杂且多面的影响，为此，我们需要辩证地看待和理性把握。

第一，对国家政府来说，加强对算法技术的应用有利于中国面向全球不同区域、不同国家的用户开展更具针对性和个性化的网络国际传播。习近平总书记曾强调，"要采用贴近不同区域、不同国家、不同群体受众的精准传播方式，推进中国故事和中国声音的全球化表达、区域化表达、分众化表达，增强国际传播的亲和力和实效性"。有学者认为，"基于人工智能算法的精准点态国际传播模式能够有效解决'瞄得准'的问题"②。在"人机共生"的国际传播格局下，算法技术驱动的平台国际传播活动可以突破传统时代以"人"为绝对主导的传播困境和弊端，实现分众化、区域化，甚至"一国一策"的国际传播内容生产和投放，确保特定目标受众接收到的信息和内容更加精准。对于增强特定的传播效果来说，算法具有技术加成的作用，让原本相对比较粗放的以区域为主的国际传播活动转向以一国或社群为对象的基于互联网平台的国际传播活动。

从现实情况来看，在由英美主流媒体主导的西方舆论场里，一些西方国家民众对中国天然存在制度差异和意识形态的刻板印象，但具体到不同的国家民众，他们对中国的认知和态度又具有内在差别。如果能够利用算法技术使中国在超级网络平台下的国际传播向智能化、个性化、精准化发展，挖掘不同国家和地区民众关于中国的印象特质和兴趣点，那么将能够使中国更好地开展国际传播，扩大中国的国际传播话语权。

第二，受到语言、文化和连接等因素限制，大部分中国网民未能在全球社交平台上用英语发出"中国声音"，以官方主流媒体或相关机构、个人作为主导的社交平台的国际传播效果尚不尽如人意，且在话语特征上未能摆脱传统的官方话语和符号特征，导致难以真正地将"中国声音"客观、真实、全面地传递到全球传播舆论场上。

在算法技术的介入和帮助下，"机器写作""人机协同"的内容编辑和生产模式实现了国际传播内容的高速和智能生产模式。在自动化算法程序技术、写作机器人、社交机器人等智能传播技术的介入下，网络平台上的信息和内容生产数量及速度都实现了跨越式提升。在国际新闻写作和国际传播活动中，凭借着这些算法技术的普及和应用，中国可以快速面向世界不同区域、国家的民众实现更高频率、更大范围的信息投

---

① 钟新，蒋贤成，王雅墨. 国家形象的跨文化共情传播：北京冬奥会国际传播策略及效果分析［J］. 新闻与写作，2022（5）：25-34.
② 赖凤，郑欣. 人工智能算法与精准国际传播的实现路径［J］. 阅江学刊，2021，13（6）：77-87，136.

放,而且由算法技术推动的"机器生产信息"的方式还可以突破个体在语言能力约束方面的不足,大幅度提升"中国声音"的传播范围。值得一提的是,机器生产新闻仍需注重真实、准确等专业伦理原则,以可信内容增进西方民众对中国发展的可亲感受。

第三,算法技术存在的"信息茧房"问题如果不能真正消除,全球传播圈层化的问题将会进一步加剧,无论是中方还是美方在网络平台上开展的国际传播工作都将难以促成对话、理解、共识的生成,反而可能造成更严重的意见极化。

算法不是独立和超越于人类主体的一种技术,恰恰相反的是,算法本身反映了人类社会的文化习惯、意识偏见、思想差异。算法是被现实社会和人类观念所共同影响的,也必然会接受人类社会真实的文化和权力形态。受到算法技术推荐影响的国际传播将会进一步强化某一种意识形态偏见的信息传播,算法的"不可见性"导致信息传播非公平性和不真实性的出现。在这样的传播生态下,不同圈层、立场的受众之间更难以开展有效的沟通和互动,意见极化的趋势将会加速。对中国来说,在特定的算法推荐机制影响下,跨文化平台"信息茧房"的存在意味着要面向那些原本对中国持有消极和刻板印象的国际民众开展有效的国际传播活动,实际上面临着更大的困难。

第四,关于个人信息隐私和信息安全问题在全球网络舆论场内备受关注,而对于中国政府如何使用平台用户信息的问题和隐忧,日益成为我国国际传播中的风险议题。在部分西方民众的刻板印象里,中国的信息公开和言论自由问题长期受到攻击和指责,而近年来所谓"中国威胁论"又不断被炒作,某些西方媒体试图以此让人们产生对"中国强大""中国发展"和"中国霸权"的误解。由于算法不透明性问题的存在,我国一旦通过大规模开发和推广算法技术在网络社交平台上的广泛和深入应用,则可能由于"算法黑箱"的舆论影响生成针对中国信息安全、"霸权",甚至人权等敏感话题方面的国际压力。

四、应用:以优化算法治理和应用来提升中国国际传播能力和话语权

如上文所述,算法技术对中美平台竞争下中国进一步加强国际传播能力存在复杂影响,但恰如有学者所提出的,"算法是一种促进利益最大化的理性主义工具"[①]。如果能充分、合理、有效地利用算法技术,在全平台治理全球视野下思考国际传播的路径

---

① 陈昌凤,师文.人脸分析算法审美观的规训与偏向:基于计算机视觉技术的智能价值观实证研究[J].国际新闻界,2022,44(3):6-33.

和策略，将对我国的网络国际传播带来一定的促进作用。为进一步提升我国在中美平台竞争格局下的国际传播能力和话语权，本文提出四方面的发展路径和工作建议。

（一）进一步释放算法价值，重视算法开发对中美平台竞争的影响效应

在智能媒体技术赋能下，中国要更好地在中美平台竞争中赢得先机和机遇，必须重视开发先进算法的作用和重要性，敏感预知风险，高效、精准地生产、分发国际信息，最大化实现算法技术对国际传播活动产生的潜在影响。在这一过程中，结合当前中美平台竞争的现状特征，算法技术的应用价值至少在两个方面得到体现：一是结合大数据的算法技术，通过数据挖掘和数据分析，研判西方国家和民众最关注的"中国议题"，了解当前西方民众意识观念中对中国的"认知茧房"，通过算法演进的方式寻找和制定可以起到最佳效果的传播议题，从而突破当前中国国际传播的障碍和困境；二是结合算法技术，快速发现、处理国际舆论场上的涉华网络舆情，尤其是通过有效的算法治理，对欧美国家主流媒体数据库进行实时监测和智能研判，提高国际涉华舆情的处置效率，最大限度避免国际涉华舆情造成的负面影响。

（二）在算法的应用和推广过程中，坚守"网络命运共同体"发展理念，体现中国作为网络建设推动者的责任和形象

针对国际社会和部分西方民众对于算法风险存在的忧虑和关注，中国应在互联网平台国际传播活动中坚守和推广"网络命运共同体"发展理念，发挥智能算法技术的积极效能，在国际传播活动中彰显"公平"和"正义"的话语意义属性，积极推进平台国际传播话语权伦理生态的优化和改善。同时，中国还要持续推进网络平台国际传播话语权的规范性竞争，利用算法技术凸显自身在平台国际传播活动中对谋求全球利益而非单纯维护中国自身利益的大国责任感，以有效化解"中国威胁"和"中国霸权"等负面标签的舆论攻击。

（三）通过智能算法计算和计算机语义分析，提高识别西方风险账号的能力

早在2019年香港的"反修例"风波中，以脸书为代表的超级网络平台就通过算法计算和智能识别的方式，对一大批我国账户进行封锁，在很大限度上限制了中国在国际舆论场上的发声范围和传播力度，弱化了我国在该事件中的话语博弈效果。因此，我国应该加强算法技术在社交平台识别风险账户和智能封锁方面的能力，尤其应结合算法技术对国际网络平台上美国的风险账号进行智能识别和分析，在国际议题和涉华

舆论中，对一些恶意中伤、虚构事实、抹黑中国的账号进行精准识别和舆论反制，不断提升我国的话语博弈能力。

（四）利用算法技术挖掘和分析网络平台舆论场上能够引导受众情绪的话语风格，拉近我国网络国际传播与西方民众之间的距离

我们要结合重大国际议题、涉华网络议题、中美博弈议题等案例和内容的大数据文本分析，利用算法开发、自然语言处理、机器学习等人工智能和大数据技术，对大量涉华网络信息进行数据分析，以了解那些获得广泛关注和拥有舆论影响力的信息特征和语言风格；同时，进一步结合我国主流媒体在国际网络平台上的账号内容分析，有针对性地总结不足、改掉缺点，开发出更多有助于突破西方话语限制的传播信息、文本和视觉产品，持续有效地拉近中国在国际网络平台中与其他国家民众之间的距离。

互联网平台对国际舆论博弈的影响：机制与趋势[*]

一、互联网平台与国际舆论博弈

伴随社交媒体在全球范围内兴起，互联网以公众参与、群体在线、即刻互动、社会动员等方式极大地改变了社会格局和权力结构。特别是近年来，超级互联网平台的发展从根本上改变了媒体格局，没有平台环境的时候，新闻由传统媒体生产，大多数人从传统来源获取信息[①]。互联网平台兴起后，平台技术中的算法、自动化和大数据，改变了信息传播的规模、范围和精度[②]，促使互联网平台逐步成为生产和交换信息的重要途径[③]。

当前，互联网平台的基础设施化趋势正在加速，技术交流属性使其逐渐成为公众相互交流的关键媒介及日常互动结构的中心。这种渗透从人与人之间逐步延伸至国家与国家之间。互联网平台带来了国际舆论场前所未有的开放[④]。在国际舆论博弈中，信息获取比以往更容易，国家之间的互动也更容易进行，各项活动也更加透明[⑤]。国际舆论博弈由正式的沟通渠道、面对面的交往逐渐转向互联网平台的线上博弈。各个国家和地区都在这种互联网平台环境中运作，不断通过推特（Twitter）等平台解决危机并控制损害[⑥]。由此，国际舆论博弈已进入数字外交阶段，即以外交目的使用社交平

---

* 张志安，杨洋.互联网平台对国际舆论博弈的影响：机制与趋势[J].新闻与写作，2023（2）：25-34.文章有适当修改。

① BAUM M A, POTTER P B K. Media, public opinion, and foreign policy in the age of social media [J]. The journal of politics, 2019, 81（2）: 747-756.

② BRADSHAW S, HOWARD P N. The global disinformation order: 2019 global inventory of organised social media manipulation [R]. London: Oxford Internet Institute, University of Oxford, 2019.

③ TANDOC JR E C, LIM Z W, LING R. Defining "fake news" a typology of scholarly definitions [J]. Digital journalism, 2018, 6（3）: 137-153.

④ RASHICA V. The benefits and risks of digital diplomacy [J]. Seeu review, 2018, 13（1）: 75-89.

⑤ CHAKRABORTY K. Cultural diplomacy dictionary [M]. Berlin: Academy for Cultural Diplomacy, 2013.

⑥ DUNCOMBE C. The politics of Twitter: emotions and the power of social media [J]. International political sociology, 2019, 13（4）: 409-429.

台来进行国与国之间的交往①。鉴于最新技术革命的主导地位及当今日常生活的日益数字化，数字外交将继续存在②。

社交平台提供了一个即时、广泛的交流平台，并已成为功能强大的沟通工具。国际舆论博弈通过社交平台进行更频繁的交流和更广泛的信息传播③。社交平台的政治属性使其已成为政府、国家领导人和政策制定者直接与国内外公众沟通的主流方式。在当前国际舆论博弈中，推特等平台越来越多地被用来针对特定的目标，直接发布具有煽动性的信息并期待同样的回应，进而引发新一轮的舆论博弈④。互联网平台给国际舆论博弈提供了新的空间和可能，特别是政治人物通过社交平台来对他国进行标签化。快速的技术变革加速了国际舆论博弈进程，通过塑造公众舆论影响国际舆情，通过国家间的持续互动建立除共同规范及认同以外的新的价值体系与国际秩序⑤。

关于国际舆论博弈的研究主要有两类：一类是对平台国际舆论博弈与传统国际舆论博弈的比较研究，学者从参与主体、发声渠道、议题设置及政治目的等角度分析了平台国际舆论战的特点并提出应对策略⑥。此类研究仍是从传统视角进行分析，虽然识别出平台舆论博弈的一些外在表现特征，但并未理解平台国际舆论博弈的内在运作逻辑，即平台技术要素的关键作用。另一类是关注到国际舆论博弈中技术要素的相关研究。此类研究较多地讨论单一技术要素对舆论博弈的影响，如假新闻、算法、社交机器人等技术要素对国家安全、地缘政治、全球秩序等方面的冲击⑦。此类研究虽然开始重视平台技术要素对国际舆论博弈的影响，但并未全面分析各类平台技术要素对国际舆论博弈的形塑过程，尚未充分重视平台技术要素对国际舆论博弈布局的关键作用。鉴于此，本文通过对近年来平台国际舆论博弈案例进行回溯与分析，尝试揭示平台国际舆论博弈的特点、趋势，重点探讨平台技术要素对国际舆论博弈的影响机制。

---

① BJOLA C，HOLMES M. Digital diplomacy［M］. London：Routledge，2015.
② SOTIRIU S. Digital diplomacy：between promises and reality［M］//BJOLA C，HOLMES M. Digital diplomacy. London：Routledge，2015：33-51.
③ DUNCOMBE C. Twitter and transformative diplomacy：social media and Iran–US relations［J］. International affairs，2017，93（3）：545-562.
④ DUNCOMBE C. The politics of Twitter：emotions and the power of social media［J］. International political sociology，2019，13（4）：409-429.
⑤ ADLER-NISSEN R. Stigma management in international relations：transgressive identities，norms，and order in international society［J］. International organization，2014，68（1）：143-176.
⑥ 艾笑. 互联网传播视角下的舆论斗争［J］. 红旗文稿，2017（7）：30-32. 荣婷，李晶菡. 国际舆论战的历史、现状及应对策略研究［J］. 传媒，2020（1）：94-96.
⑦ 赵永华，窦书棋. 信息战视角下国际假新闻的历史嬗变：技术与宣传的合奏［J］. 现代传播（中国传媒大学学报），2022，44（3）：58-67. 支振锋，范夏欣. 社交媒体时代的信息操控及其规制［J］. 青年记者，2022（19）：86-88. 师文，陈昌凤. 分布与互动模式：社交机器人操纵 Twitter 上的中国议题研究［J］. 国际新闻界，2020，42（5）：61-80.

二、互联网平台中的舆论博弈：典型案例与技术要素

（一）算法调控平台内容可见性

数字时代，越来越多的用户依靠社交平台搜索来关注现场事件和人物新闻[①]，搜索结果中不同的偏差会让用户对不同事件的印象产生不同影响[②]。因此，互联网平台上的算法在国家舆论博弈中发挥了重要作用。算法可以通过设置编码指令，控制平台内容来"引导和形塑受众的社会认知，通过开源数据与社会计算等新技术，利用数字平台的传播叠加效应与心理学中的沉锚效应，作用于受众认知，并进一步影响受众的情感、动机、判断与行为"[③]。

算法主要用调控内容可见度的方法在国际舆论博弈中发挥作用。在俄乌冲突中，美国互联网平台推特公开表示其通过算法用删除内容及降低内容可见度的方法减少他国的影响力。一方面，从主页时间线到探索，推特公司对于在乌克兰和俄罗斯使用推特的用户，暂停了一些没有在主页时间轴上关注的用户的推文推荐。另一方面，推特公司通过封号、加注国家媒体标签、内容加注警示标签等方式试图降低中俄等国在国际社交平台上的可见性。

封号是国际舆论博弈中降低目标国家内容可见度的主要方法。近年来，中俄等国的美国社交平台账号被多次封号。2020年6月，推特关闭超过17万个所谓"与中国政府有关"的账号[④]。2022年2月起，推特、脸书（Facebook）、谷歌（Google）对被标记为俄罗斯官方的账号进行封号或禁言[⑤]。

给平台账号加注国家媒体标签，给内容加注警示标签等方式是国际舆论博弈中降低目标国家内容可见度的重要方法。2020年，脸书及推特对中俄主流媒体如《人民日报》、新华社、央视、《环球时报》、环球电视新闻网与财新网，以及塔斯社（TACC）、"今日

[①] TEEVAN J, RAMAGE D, MORRIS M R. TwitterSearch: a comparison of microblog search and web search [C]. Proceedings of the fourth ACM international conference on Web search and data mining, 2011: 35-44.

[②] KULSHRESTHA J, ESLAMI M, MESSIAS J, et al. Quantifying search bias: investigating sources of bias for political searches in social media [C]. Proceedings of the 2017 ACM Conference on Computer Supported Cooperative Work and Social Computing. 2017: 417-432.

[③] 马立明. 俄乌冲突中的算法认知战与计算宣传机制评析 [J]. 对外传播，2022（10）：21-25.

[④] 杨明. 推特关闭17万个据称北京支持的散布虚假信息的账号 [N/OL]. VOA, 2020-06-12. https://www.voachinese.com/a/Twitter-Takes-Down-Beijing-Backed-Influence-Operation-20200612/5460180.html.

[⑤] MCSWEENEY S. Our ongoing approach to the war in Ukraine [EB/OL]. (2022-03-16) [2022-10-11]. https://blog.twitter.com/en_us/topics/company/2022/our-ongoing-approach-to-the-war-in-ukraine.

俄罗斯"、"卫星社"（Sputnik News）等账号添加"国家控制""官媒"等标签并限制其内容推广。俄乌冲突爆发后，推特给包含中国国际电视台（CGTN）、新华社、《人民日报》、中国新闻社、《环球时报》、《中国日报》等中国媒体网页链接的推文加注了"保持知情"（stay informed）警示标签，显示"这条推文链接到了中国国家附属媒体的网站"。推特公司表示上述做法使中俄等国发布内容影响力减少了30%①。

反之，美国对于希望平台用户获取的消息，则大幅提升其内容可见度。推特策划的有关俄乌冲突的"时刻"（moments）产品以多种语言分享实时新闻和资源，搜索和家庭时间线以英语、乌克兰语和俄语提示，专门的活动页面以12种语言在超过67个国家提供，对17个国家和7种语言的约3000个相关趋势进行了语境化处理，通过附加有代表性的推文，撰写解释性标题和描述，或将这些趋势与"时刻"联系起来，创建相关主题来帮助用户在家庭时间轴上及时获取内容。自俄乌冲突爆发以来，这些时刻的影像超过了386亿次②。

此外，脸书打破此前定下的禁止仇恨言论政策，允许一些国家的脸书和照片墙（Instagram）用户发布对俄罗斯人民和俄罗斯士兵采取暴力行动的言论。脸书发言人在一条推文中说，该公司将暂时允许通常会违反其服务条款的"政治表达"形式，包括"暴力言论"。在此轮国际舆论博弈中，美国通过降低利益冲突方国家的内容可见度及提升自身内容可见度的手段，进一步影响全球舆论，提升国际舆论博弈效果。

（二）社交标签聚合内容扩散与促进集体动员

虽然在国际范围内使用的社交平台很多，但最流行的仍是推特及脸书。社交平台成为国家间对话的一个重要工具③。作为对话式的社交平台，推特允许用户以公开方式进行交流，许多国家外交部门用推特来扩大其数字外交网络，鼓励政府官员在推特上与公众互动④。据Statista数据平台的调查，2020年，有189个国家在推特上有官方账号，包括国家元首、政府首脑和外交部长的个人或机构账号。其中，美国总统特朗普的个人账号积累了超过8110万的推特粉丝，在国家账号中排名第一。美国总统的官方账号

---

① MCSWEENEY S. Our ongoing approach to the war in Ukraine［EB/OL］.（2022-03-16）［2022-10-11］. https://blog.twitter.com/en_us/topics/company/2022/our-ongoing-approach-to-the-war-in-ukraine.
② MCSWEENEY S. Our ongoing approach to the war in Ukraine［EB/OL］.（2022-03-16）［2022-10-11］. https://blog.twitter.com/en_us/topics/company/2022/our-ongoing-approach-to-the-war-in-ukraine.
③ DUNCOMBE C. Twitter and transformative diplomacy：social media and Iran–US relations［J］. International affairs，2017，93（3）：545-562.
④ DIXON S. World leaders with the most Twitter followers as of June 2020［EB/OL］.（2022-04-28）［2022-10-11］. https://www.statista.com/statistics/281375/heads-of-state-with-the-most-twitter-followers/.

@POTUS 排名第五，在全球拥有 3020 万推特粉丝①。

通过建构负面标签影响公众认知达成，是平台中国际舆论博弈的重要工具。社会心理学家琼斯（Jones）认为，塑造不名誉的"标签"是一种印象转化的过程，人们对某一记号的刻板印象将会覆盖具有此记号人群的整体印象②。社交平台上的标签位置更加明显，任何用户都可以通过搜索，直接获取负面标签信息③。

标签化会导致认知偏见的形成。在认知偏见的塑造过程中，沙勒（Schalle）及纽伯格（Neuberg）提出了偏见综合征的内涵，每种偏见综合征都包括一系列情绪反应、认知和行为倾向，都是为了应对特定威胁而设计的。不同群体由感知到的威胁可能会产生性质不同的偏见④。

（三）计算宣传助力内容智能传播与劝服

在互联网平台上，利用计算宣传并通过社交平台上的假新闻来塑造公众态度已经成为主流。计算宣传手段指的是使用算法、自动化和人工操纵等方法，有目的地在社交媒体网络上传播误导性信息的传播行为⑤。在信息量大、用户关注和信任程度有限的信息环境中，社交平台的可见性增强了虚假信息的规模、范围和精度⑥。奥尔科特（Allcott）和根茨科（Gentzkow）将假新闻描述为"故意和可证实虚假并可能误导读者的新闻文章"⑦。平台的信息传播速度使假新闻快速扩散，且可以每天触达目标用户。社交网络和算法推荐扩大了回声室效应，无论是在网络日志、社交直播平台、图像和视频分享平台，还是社交平台，假新闻都可以"蓬勃发展"⑧。

---

① DIXON S. World leaders with the most Twitter followers as of June 2020 [EB/OL]. (2022-04-28) [2022-10-11]. https://www.statista.com/statistics/281375/heads-of-state-with-the-most-twitter-followers/.
② JONES E E, FARINA A, HASTORF A, et al. Social stigma: the psychology of marked relationships [M]. San Francisco: Freeman, 1984.
③ LAGESON S E, MARUNA S. Digital degradation: stigma management in the internet age [J]. Punishment & society, 2018, 20 (1): 113-133.
④ NEUBERG S L, SCHALLER M. Intergroup prejudices and intergroup conflicts [C] //Foundations of evolutionary psychology. New York: Lawrence Erlbaum, 2008: 401-414.
⑤ WOOLLEY S C, HOWARD P. Computational propaganda worldwide: executive summary [EB/OL]. (2017-12-06) [2021-06-26]. https://demtech.oii.ox.ac.uk/wp-content/uploads/sites/12/2017/06/Casestudies-ExecutiveSummary.pdf.
⑥ BRADSHAW S, HOWARD P N. Why does junk news spread so quickly across social media? Algorithms, advertising and exposure in public life [R/OL]. (2018-01-29) [2021-11-10]. https://kf-site-production.s3.amazonaws.com/media_elements/files/000/000/142/original/Topos_KF_White-Paper_Howard_V1_ado.pdf.
⑦ ALLCOTT H, GENTZKOW M, YU C. Trends in the diffusion of misinformation on social media [J]. Research & politics, 2019, 6 (2).
⑧ ZIMMER F, SCHEIBE K, STOCK M, et al. Fake news in social media: bad algorithms or biased users? [J]. Journal of information science theory and practice, 2019, 7 (2): 40-53.

在国际舆论博弈过程中，意见纷争的政治环境使虚假叙事更容易在网上传播并获取公众信任①。社交平台的发展和普及，则进一步增强了欺骗性信息对社会的影响②。在此情况下，国家支持在社交平台上传播的假新闻活动，即"点对点宣传"（peer-to-peer propaganda）③。计算宣传通过更快速、更大量生产、目标受众更明确的假新闻来引导公众舆论。俄乌冲突爆发当天，推特上出现一则标题为"一名乌克兰父亲在与俄军作战前，与女儿挥泪诀别"的视频。该视频迅速在推特及视频平台油管（YouTube）上传播，并被美国有线电视新闻网（CNN）、《纽约时报》、《泰晤士报》、《独立报》、《新闻周刊》等西方媒体转载，迅速引发西方舆论对乌克兰的同情及对俄罗斯的谴责。但此视频很快被证实为"移花接木"的假新闻。

此外，乌克兰武装部队非官方推特账号@ArmedForcesUkr发布了一部短片，称短片显示的是乌克兰对俄罗斯军队的军事胜利。但据德国之声证实，影片中的6个事件已确定在2022年俄乌冲突前就已发生，画面展示的是其他地区的冲突④。在国际舆论博弈中，政治煽动者、黑客活动分子、恐怖分子和国家等多元政治参与者，都可以通过宣传制造虚假信息来操纵公众舆论⑤，在各大互联网平台上塑造自身良好形象及相关利益冲突国家的负面印象。

（四）社交机器人实现攻击内容、数量的规模化

作为政治和数字战略交汇处的最新、最独特的技术之一⑥，社交机器人已经服务于政治目的，被投放在特定平台上进行收集和分类信息⑦。计算机科学研究人员发现，社交机器人不仅可以用于简单的人机交互，还可以用于大规模用户数据挖掘，及在推特和脸书等社交平台上操纵公众舆论⑧。更多近期研究表明，世界各地的政治行动者开始

---

① FIGUEIRA A, OLIVEIRA L. The current state of fake news: challenges and opportunities [J]. Procedia computer science, 2017, 121: 817-825.
② HAIGH M, HAIGH T, KOZAK N I. Stopping fake news: the work practices of peer-to-peer counter propaganda[J]. Journalism studies, 2018, 19 (14): 2062-2087.
③ HAIGH M, HAIGH T, KOZAK N I. Stopping fake news: the work practices of peer-to-peer counter propaganda[J]. Journalism studies, 2018, 19 (14): 2062-2087.
④ WESOLOWSKI K.【事实查核】俄乌开战至今，双方分别散布了哪些假新闻？[EB/OL].（2022-04-24）[2022-11-12]. https://www.thenewslens.com/article/165856.
⑤ WESTERLUND M. The emergence of deepfake technology: a review [J]. Technology innovation management review, 2019, 9 (11): 39-52.
⑥ WOOLLEY S C. Automating power: social bot interference in global politics [J]. First Monday, 2016, 21 (4).
⑦ WOOLLEY S C. Automating power: social bot interference in global politics [J]. First Monday, 2016, 21 (4).
⑧ BOSHMAF Y, MUSLUKHOV I, BEZNOSOV K, et al. The socialbot network: when bots socialize for fame and money [C] //Proceedings of the 27th annual computer security applications conference, 2011: 93-102.

利用社交机器人这一自动化软件程序，试图操纵网络关系和舆论[1]，通过机器人技术复杂、自动化、并行的计算能力，大规模扰乱在线政治对话，迅速收集和分析国内外公众信息[2]。

在俄乌冲突中社交机器人被广泛运用，乌克兰社交机器人优势明显，账号数量、发文速度及推文数量均大幅超越俄罗斯，而且乌方社交机器人中植入了情感动员程序，可提高内容传播的影响力。澳大利亚阿德莱德大学的调查显示，俄乌冲突一开始，一场反俄宣传活动就在互联网平台上泛滥，这些反俄宣传活动是由虚假的自动推特账号组成的"社交机器人军队"发起的。这项研究分析了从2022年2月24日起俄乌冲突前两周的5,203,746条带有关键标签的推文，分析显示，90.2%的推文（包括社交机器人账号和非机器人账号）来自亲乌账号，只有不到7%的账号被归为亲俄账号。冲突开始时，亲乌社交机器人迅速开始发文，支持乌克兰（I stand with Ukraine）的标签每小时被使用3.8万次；到第三天，这个标签每小时被使用5万次。相比之下，在第一周几乎没有使用关键标签的亲俄社交机器人发文。一周后，亲俄社交机器人才开始使用"支持普京"（I stand with Putin）或"支持俄罗斯"（I stand with Russia）的标签以每小时几百条的速度发文。此外，亲乌社交机器人被植入了情感动员程序，自动发布的推文被故意用来在目标人群中散布恐惧情绪，在网络话语中提高了可统计的"焦虑"水平[3]。

社交机器人在更新迭代的过程中变得越来越精密，在国际舆论博弈中的使用也会造成更加严重的后果。由于机器人在没有核实事实或核实消息来源可信度的情况下自动转发帖子，会造成假新闻现象的加剧。此外，社交机器人可以人为扩大受众，改变不同平台的影响力。有研究表明，情绪在社交媒体上具有传染性[4]，社交机器人可以很容易地渗透到公众中，操纵他们的情绪，影响他们对现实的看法[5]。

---

[1] METAXAS P T, MUSTAFARAJ E. Social media and the elections [J]. Science, 2012, 338 (6106): 472-473. BOSHMAF Y, MUSLUKHOV I, BEZNOSOV K, et al. The socialbot network: when bots socialize for fame and money [C] //Proceedings of the 27th annual computer security applications conference, 2011: 93-102. ABOKHODAIR N, YOO D, MCDONALD D W. Dissecting a social botnet: growth, content and influence in Twitter [J]. Proceedings of the 18th ACM conference on computer supported cooperative work & social computing, 2015: 839-851.

[2] WOOLLEY S C. Automating power: social bot interference in global politics [J]. First Monday, 2016, 21 (4).

[3] SMART B, WATT J, BENEDETTI S, et al. # IStandWithPutin versus# IStandWithUkraine: The interaction of bots and humans in discussion of the Russia/Ukraine war [C] //International conference on social informatics. New Delhi: Springer, 2022: 34-53.

[4] WU X, FENG Z, FAN W, et al. Detecting marionette microblog users for improved information credibility [J]. Journal of computer science & technology, 2015 (5): 1082-1096.

[5] FERRARA E, VAROL O, DAVIS C, et al. The rise of social bots [J/OL]. ArXiv preprint arXiv: 1407.5225, 2014-07-19 [2016-03-08]. http://arxiv.org/abs/1407.5225.

综上所述，平台国际舆论博弈的关键是平台权力制衡问题。美国对他国塑造的负面标签先入为主地影响了公众判断，由于"公众缺乏对社交平台上信息的溯源和事实核查"[1]，互联网平台上的负面标签通过算法、计算宣传及社交机器人，将更快速、更广泛地在互联网平台上扩散[2]。谁掌握了平台技术优势，谁就将在国际博弈中占据主导地位。总体上，平台技术优势及平台主导权仍由美国掌控，媒介的情境及价值体系仍然偏向西方文化及价值观。而且，在相当长的时间内，美国的舆论博弈优势将持续存在。

三、国际舆论博弈的新特点及发展趋势

基于前文对互联网平台兴起后国际舆论博弈的典型案例及平台技术要素的分析，可以发现，互联网平台中的国际舆论博弈与传统舆论博弈相比主要呈现两个新特点。

其一，平台国际舆论博弈处于新的传播生态系统中，平台技术发挥着关键作用。推特、脸书等社交平台以及油管等视频平台已逐渐成为基于网络应用程序的核心，共同构成了一个庞大的传播生态系统[3]。这一系统更倾向于速度性和即时性，而非传统媒体主导阶段的准确性、可信度和可靠性。平台的运作逻辑，决定着如何处理信息、新闻和传播的过程及原则[4]。平台技术通过影响平台运作逻辑，直接作用于传播生态，因而平台技术要素在通过平台内容引发公众关注及塑造公众舆论方面发挥着关键作用。

其二，平台国际舆论博弈面临越来越显著的平台操纵问题。平台操纵指出于政治、社会或经济等目的，通过各种信息技术手段，如算法、人工智能及社交机器人等操纵公众舆论，压制目标国家来获取竞争优势的一种操纵活动[5]。在以往的国际舆论博弈中，各个国家、地区通过媒体操纵大众传播媒介提供的渠道，以较为单一的手段来影响公众舆论。在当今国际舆论博弈中，平台操纵的手段更加多元，各国通过审查和调控内容可见性，运用社交标签实现内容扩散，利用计算宣传传播垃圾新闻和虚假信息，投入社交机器人扩大信息规模，以此进行更加高效、智能、隐蔽的舆论动员和舆论博弈。

---

[1] BONDIELLI A, MARCELLONI F. A survey on fake news and rumour detection techniques [J]. Information sciences, 2019, 497: 38-55.

[2] ADLER-NISSEN R. Stigma management in international relations: transgressive identities, norms, and order in international society [J]. International organization, 2014, 68 (1): 143-176.

[3] VAN DIJCK J. The culture of connectivity: a critical history of social media [M]. New York, NY, USA: Oxford University Press, 2013.

[4] VAN DIJCK J, POELL T. Understanding social media logic [J]. Media and communication, 2013, 1 (1): 2-14.

[5] WOOLLEY S C, HOWARD P N. Computational propaganda: political parties, politicians, and political manipulation on social media [M]. London: Oxford University Press, 2018.

通过上述关于互联网平台兴起后国际舆论博弈的新特点和技术要素的分析，本文认为，未来平台社会语境中的国际舆论博弈将呈现三个发展趋势，如图1所示。

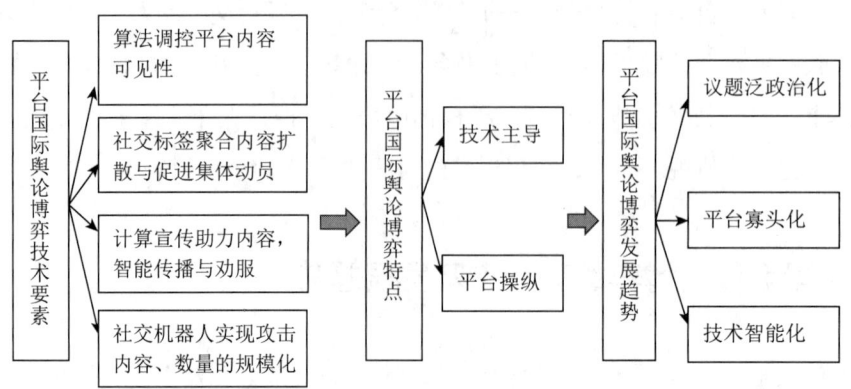

图1　未来互联网平台国际舆论博弈技术要素、特点及发展趋势

其一，国际舆论博弈逐渐呈现出议题泛政治化的态势。以往国际舆论博弈的负面标签议题主要集中于疾病、民族及宗教领域，现在议题已逐渐转向公共卫生、社会问题、科学问题及国际关系等诸多领域。泛政治化强调通过各种手段加强事件的政治意义。议题泛政治化会影响公众的价值观与行为方式，公众若以互联网平台接收到的信息作为行动指南，则容易产生认知偏见，进而导致国际舆论场动荡。占据对外传播优势的国家擅于将各种问题转化为政治问题，通过议题泛政治化手段影响国际社会舆论，造成公众对他国的负面印象。

面对议题泛政治化的国际舆论，如何塑造公众认知、扭转舆论风向是中国应对的重点。针对专业议题，中国可力图将舆论控制在"就事论事"的范畴中，在没有掌握技术优势的国际平台上有策略地展开行动，以提升平台内容可见性。为此，我们可鼓励不同领域的专业人士在国际平台上进行信息传播，就具体问题及时与海外公众进行沟通，在面对泛政治化的国际议题时，提前做好议程设置，就具体问题主动发声，及时消除公众误解，扭转舆论风向。

其二，国际舆论博弈中也出现了平台寡头化的现象。在国际互联网平台中，脸书、推特等平台已经成为数字寡头，依靠技术优势潜在地控制网络空间中的内容[①]。例如，国际社交平台上出现"大翻译运动"，通过翻译中国社交平台上一些相对激烈的言论，

[①] ZHENG X，WANG X，LI Z，et al. Donald J. Trump's presidency in cyberspace：a case study of social perception and social influence in digital oligarchy era［J］. IEEE transactions on computational social systems，2021，8（2）：279-293.

进行以英文为主，包括日语、韩语、德语、法语、俄语、乌克兰语等多语种的图文并列翻译，并发布在推特等国外社交平台上，向国际公众传递负面信息，塑造与中国相关的负面标签。"大翻译运动"通过国际社交平台的国际受众（主要为英语国家）的公众交流渠道，建构负面议题，在国际舆论场上快速大量生成负面或虚假信息，影响国际舆论场的风向。推特开通了大翻译运动官方账号@TGTM_Official，截至2023年1月，此账号已有23.7万关注者，在国际舆论场上的影响力不断扩大。

事实核查是应对平台寡头化现象的有力途径。一项预先注册的实验结果表明，当公众收到关于社交平台误导性信息的一般性警告，或者当特定标题附带"有争议"或"被评为虚假"标签时，虚假标题会被认为不准确而被识别出来[1]。因此，中国可建立国际舆情动态监测系统，综合预判舆情风险，快速进行事实核查，通过前述的专业国际平台账号以加标签的方式及时发布辟谣信息，在国际社交平台上传递正确信息。

其三，互联网平台国际舆论博弈呈现出技术智能化的发展趋势。在以技术为中心的互联网平台运行过程中，随着技术的迭代发展，主要平台不断添加新功能和服务，更加智能的新技术将会不断被运用到国际舆论博弈中[2]。例如，已经在国际舆论博弈中被使用的深度伪造技术，可以生成逼真的政治领导人伪造图像和视频，同时操纵这些虚假言论向公众传播[3]。此外，增强现实（AR）技术在互联网平台被广泛运用，色拉布（Snapchat）、照片墙等平台都采用了AR滤镜，通过摄像头将实时视觉或视频叠加在人们脸上，AR通过提供更真实的情境体验提升内容可信度，也将引导国际舆论风向[4]。

平台国际舆论博弈的技术因素，大幅缩短了想法和实施、项目和结果之间的距离[5]。越来越智能化的平台技术将增加国际舆论博弈的难度。因此，中国未来需要全面了解互联网平台技术发展趋势，识别国际舆论博弈中潜在的技术风险，提升应对不同平台技术风险的能力。

---

[1] CLAYTON K, BLAIR S, BUSAM J A, et al. Real solutions for fake news? Measuring the effectiveness of general warnings and fact-check tags in reducing belief in false stories on social media [J]. Political behavior, 2020, (42): 1073-1095.
[2] APPEL G, GREWAL L, HADI R, et al. The future of social media in marketing [J]. Journal of the academy of marketing science, 2020, 48 (1): 79-95.
[3] SCHWARTZ O. You thought fake news was bad? Deep fakes are where truth goes to die [J]. The guardian, 2018, 12: 2018.
[4] APPEL G, GREWAL L, HADI R, et al. The future of social media in marketing [J]. Journal of the academy of marketing science, 2020, 48 (1): 79-95.
[5] DI PIETRO R, RAPONI S, CAPROLU M, et al. New dimensions of information warfare [M] //PIETRO R D, RAPONI S, CAPROLU M. New dimensions of information warfare. New Delhi: Springer, 2021: 1-4.

四、结语与思考

互联网平台的兴起为国际舆论博弈提供了新空间,新技术的使用则给平台国际舆论博弈提供了新的要素。相较于传统舆论战,平台国际舆论博弈处于新的传播生态系统中,平台技术在其中发挥作用并主导国际舆论布局且面临越来越严重的平台操纵问题。未来国际舆论博弈将面对议题泛政治化、平台寡头化、技术智能化的问题。当今国际舆论博弈也对国内舆论生态产生了较大影响。

其一,国际舆论博弈与国内舆论场产生了舆论互动和交织。推特、脸书、照片墙、油管和抖音国际版等各类平台促进了一对多或多对多的互动式国际交流[1],尽管国际互联网与国内互联网由于"防火墙"的存在而无法进行全球连接,但墙内墙外的内容共享和社交互动随时可能发生。例如,有中国公众通过各种方式参与讨论并将有吸引力或有煽动性的内容搬运到微博、抖音等国内平台,引发国内舆论场的震动。此举将对中国社会凝聚力和稳定性产生不利影响。

其二,基于平台技术发展的国际舆论博弈建立了"连接性行动"的逻辑,较易引发跨境集体行动。通过将个人与庞大的用户网络联系起来,平台建立了"连接性行动"的逻辑。这一逻辑的特点是"更加个性化和技术组织化,不再需要集体身份框架或有效应对所需的组织资源水平"。而"连接性行动"是指建立在被平台技术赋予权力的个人共同制作和共同分发内容的新能力之上、通过个性化行动协调、运用平台支持不断增长的新行动计划[2]。平台帮助集体行动者降低公开动员及协调所需的资源成本[3]。同时,平台的超连通性为集体行动者提供了跨越时空差距,能够全天候接触动员宣传内容的机会,通过在线识别目标受众,通过算法、计算宣传及社交机器人来精确"说服"或"改造"受众的行为,以进行跨境集体行动动员[4]。

综上,互联网平台的技术要素正深刻影响国际舆论博弈的过程和结果。一方面,

---

[1] REISACH U. The responsibility of social media in times of societal and political manipulation [J]. European journal of operational research, 2021, 291 (3): 906-917.

[2] BENNETT W L, SEGERBERG A. The logic of connective action [J]. Information, communication & society, 2012, 15 (5): 739-768.

[3] CARDOSO A, BOUDREAU M C, CARVALHO J Á. Think individually, act collectively: studying the dynamics of a technologically enabled civic movement [C] //International conference on interaction sciences. Milan, Italy: Association for Information Sytems (AIS), 2013.

[4] BIENVENUE E. Computational propaganda: political parties, politicians, and political manipulation on social media [J]. International affairs, 2020, 96 (2): 525-527.

我们需要对相关技术要素的复杂影响机制做更深入探讨；另一方面，要将国际舆论博弈置于复杂多变的国际形势中进行分析。实际上，平台国际舆论博弈归根结底受制于政治、资本、技术和文化等多维因素的影响，因此，持续考察传统媒体主导阶段和互联网平台主导阶段的主要变化，可进一步挖掘出具有理论深度的研究成果。